자살에 대하여

Notes on Suicide by Simon Critchley
Copyright ⓒ Simon Critchley 2015
All rights reserved.
Originally published in English by Fitzcarraldo Editions in Great Britain in 2015.
Korean translation copyright ⓒ 2021 Dolbegae Publishers
This Korean translation is published by arrangement with Fitzcarraldo Editions
through Greenbook Literary Agency.

자살에 대하여

─죽음을 생각하는 철학자의 오후

사이먼 크리츨리 지음 | 변진경 옮김 | 하미나 해제

2021년 7월 9일 초판 1쇄 발행
2024년 5월 3일 초판 4쇄 발행

펴낸이 한철희 | 펴낸곳 돌베개 | 등록 1979년 8월 25일 제406-2003-000018호
주소 (10881) 경기도 파주시 회동길 77-20 (문발동)
전화 (031) 955-5020 | 팩스 (031) 955-5050
홈페이지 www.dolbegae.co.kr | 전자우편 book@dolbegae.co.kr
블로그 blog.naver.com/imdol79 | 페이스북 /dolbegae | 트위터 @Dolbegae79

편집 김혜영
표지디자인 민진기 | 본문디자인 민진기 · 이연경
마케팅 심찬식 · 고운성 · 한광재 | 제작 · 관리 윤국중 · 이수민 · 한누리
인쇄 · 제본 한영문화사

ISBN 979-11-91438-08-6 (03100)

책값은 뒤표지에 있습니다.

Notes on Suicide

자살에 대하여

죽음을 생각하는 철학자의 오후

사이먼 크리츨리 지음
변진경 옮김
하미나 해제

돌베
개

우리 모두 죽을까요?

우리는 모두 죽을 거예요.

모두 죽어요, 우리는.

죽음은 우리 모두에게 예정되어 있어요.

—

영국 콘월 컨월로우 교회 묘지 비문

차례

일러두기

1. 이 책은 사이먼 크리츨리Simon Critchley의 *Notes on Suicide*(2015/2020)를 완역한 것이다.
2. 외국 인명, 지명, 작품명 및 독음은 외래어 표기법을 따르되 관용적인 표기와 동떨어진 경우 절충하여 실용적 표기를 따랐다.
3. 원주는 숫자로, 옮긴이 주석은 별표(*)로 표시했다.
4. 책의 내용을 더 효과적으로 전달하기 위해 원문에 없는 장 제목과 소제목을 넣었다.
5. 책 제목은 겹낫표(『 』)로, 편명은 낫표(「 」)로, 신문과 잡지 등의 매체명은 겹꺾쇠(《 》)로, 영화명, 미술작품명, 텔레비전 프로그램명, 곡명은 홑꺾쇠(〈 〉)로 묶었다.

서문

¶ **자살은 잘못된 것인가** 『자살에 대하여』를 쓴 목적은 단순했다. 자살을 자유로운 행위로 생각할 수 있는 여지를 열어두면서 그런 생각을 표현하는 어휘를 가능한 한 확장하는 것이었다.

자살이라는 주제는 강한 반발을 부르면서도 실은 당황하고 혼란스러워하는 반응을 불러일으킨다. 그래서 내가 생각하고 있던 종류의 여지를 찾기 위해서는 다소 준비가 필요했다. 나는 뉴스와 공개 토론뿐만 아니라 친구와 지인들도 자살과 자살자들에 대해 편협하고 뻔한 방식으로 이야기하는 것에 점차 좌절감을 느꼈다. 우리는 자살이라는 주제에 대해 연민을 갖고 이해하는 명확한 사고와 언어의 빈곤함을 겪고 있는 듯했다. 게다가 자살에 대한 나 자신의 생각도 마찬가지로 궁지와 한계에 빠져 있었다. 나는 가장 잘 아는 방법인 글쓰기로 무언가를 해보기로 결심했다.

나는 왜 많은 사람들이 자살을 어떻게든 잘못된 것으로, 도덕적 실패를 표출했다고 보면서 인생이 어떻게

든 어그러진 것으로 여기는지의 문제에 사로잡혔다. 그리고 그것이 혼란, 격분, 거침없는 말들, 꽤 자주 특이하게도, 완강한 침묵 같은 이상하고도 강렬한 반응을 불러일으키는 점에 큰 흥미가 생겼다. 그래서 자살 금지 뒤에 있는 역사적 원인을 조사하기 시작했다. 그 원인에 대해 더 주의 깊게 읽을수록 자살 금지의 도덕적·법적 틀은 자살을 죄악으로 보는 생각에 뿌리를 두고 있다는 점을 점차 확신하게 되었다. 이 생각은 중세 기독교 신학과 형이상학으로, 특히 삶은 신이 준 선물로서 우리에게 사용할 권한은 허락되지만 우리 삶을 통치하거나 지배할 권리는 인정되지 않는다는 주장으로 거슬러 올라갈 수 있다. 스스로 목숨을 끊는 것은 우리가 아니라 신만이 소유할 수 있는, 삶에 대한 권력을 갖는 것이다. 그 신이 상상에 의해 만들어진 것일지라도 그렇다. 하지만 우리가 삶에 대해 권력을 갖는 경우를 생각할 수도 있을 것이다. 아마 극히 일부 사람들만이 앞서 말한 기독교적 형이상학이 참이라고 여기겠지만, 어쨌든 그것은 자살에 대한 우리의 도덕적·법적 사고에 지속적인 영향을 미치면서 극단적이고 혼란스러운 반응을 일으킨다.

13

자살 금지에 대한 신학의 역사가 더 제대로 이해되고 해명되면, 권리와 의무와 관련해 자살에 대해 이루어지는 세속적인 논의가 흔히 부적절하고 개념적으로 일관성이 없다는 점을 보여주는 게 더 쉬워진다. 꽤 길게 이어지는 2부에서는 바로 그런 시도를 하고자 했다. 그러나 나는 합리성과 자율성에 대한 의심스러운 가정에 좌우되는 자유주의적 주장도 비판한다. 그리고 신, 군주, 국가나 공동체의 통치권이 자살 금지의 근거가 되어야 한다는 주장에 철저히 반대한다. 자살할 어떤 권리든, 단순한 합리적 선택이나 자명한 시민의 자유로서 지지하는 자기통치권 주장도 의심스럽다. 책의 논쟁적인 부분은 여기서 끝내기로 한다.

그다음에는 주목을 끄는 별개의 문학 장르로서 자살 유서를 신중하고 냉철하게 검토해보려 했다. 모든 자살에 유서가 남겨지는 것은 아니며―유서가 없는 경우가 많다―자살 유서는 흔히 전적으로 예측할 수 있고 사실상 정형화된 수사 양식을 따른다는 점을 고려하면 그 신뢰성은 필시 의심스러울 수 있다. 그렇다 하더라도 자살 유서는 극심한 정신적 질병과 자살 성향이 있는 우울증 환자들에게서 보이는 명백한 터널 시야에 대한 결정적인 증거가 된다. 또한 살아 있는 사람들을 기이하게 매혹하며 나를 포함한 독자들을 끌어들이는 외설적이라고 할 만한 매력이 있다. 케이 레드필드 재미슨Kay Redfield Jamison은 "자살의 상세한 사실들은 우리의 상상을 어두운 방식으로 끌어당긴다"고 말했다. 자살은 전혀 건전하지 않지만 주의 깊은 관심을 받을 만한 현상이다. 자살 유서의 가장 강렬한 특징은 우울증에 의한 고립화 그리고 피학성과 가학성, 더 중요하게는 증오와 사랑의 극단적인 과시 행위라는 특별한 정신적 양가성ambivalence을 분명히 드러내는 방식인 것 같다. 자살 유서에서, 가장 강렬한 자기증오는 가장 극단적인 사랑의 외침을 불러일으킨다.

이로부터 나는 보복의 수단으로서, 박해받는다는 희생의 환상과 나르시시즘적 자기정당화를 토로하는 방식으로서 자살을 살펴본다. 여기서 2012년 샌디훅 초등학교 총격 사건 그리고 특히 2014년 장문의 선언문과 섬뜩한 자살 유서 비디오를 남긴 후 캘리포니아에서 여섯 명을 죽이고 자살한 엘리엇 로저의 경우 같은 충격적인 살인-자살homicide-suicide 현상에 직면한다. 그 선언문을 쓴 이후 로저는 인셀INCEL, 비자발적 독신주의자 운동, 흔히 반동적이고 지속적으로 여성을 혐오하는 젊은 남성들 사이에서 온라인 하위문화의 영웅이 되었는데, 2014년 이후 일어난 상당수의 살해 배후에 이 문화가 있었다.

책의 마지막 부분에서는 다음과 같은 질문에 대해 생각한다. 자살이 혹시 기질적 요인에 따른 정신병리학적 상태의 부수적인 결과가 아니라 자유로운 행위로서, 그 자체가 목적으로서 선택되었다면 어떤가? 분명히 동기부여가 되는 원인이 없을 때에는 자살에 대해 어떻게 생각할 수 있을까? 그런 것이 가능하다면─그리고 분명히 가능한데─그것은 모두에게 '왜 사는가?'라고 자문하게 한다. 여기서 나는 매우 의식적으로 존재론적 분석의 영역에 들어가는데 나 스스로 존재론적 현상학자라고 여기므로 놀랄 일은 아닐 것이다. 그리고 몇 가지 예와 에두아르 르베, 알베르 카뮈, 장 아메리 같은 저자들의 글을 살펴본다. 자살은 왜 그렇게 도덕적으로 불쾌해 보이는가 같은 질문을 충분히 생각해보고, 르베가 불미스러운 아름다움이라고 부른 것을 직시하려 한다. 호모 사피엔스는 자기살해 능력으로 구별되는데, 이는 자의식에 대한 대가, 특히 일부 작가, 예술가, 과학자들 특유의 예리한 자의식 형태에 대한 대가일 것이다. 자살의 문제가 불러일으키는 유한성의 경험을 직시하는 것은 우리 자신, 타인, 세계에 대한 의식에 필수적이다.

　우리가 살아가면서 숨을 쉬는 매순간마다 자멸을 초래할 수 있는 무기가 우리 손 안에 있다. 어떤 식으로든 우리가 자기 자신에 맞서 그 무기를 들어야 한다고 권하는 것이 아니다. 정반대다. 나는 시오랑의 놀랍도록 희극적인 염세주의, 즉 자살충동을 느낄 정도로 우울해하는 사람들의 문제는 그들이 너무 낙관적이라는 생각에 의지해 이 책을 끝낸다. 우리가 자신의 목숨을 끊음으로써 구원하는 것은 아무것도 없을 것이다. 그리고 유일한 탈출구로서 자살을 믿는다는 건 자멸을 통한 구원 능력을 오만하게 과대평가한 데서 비롯된다. 그러니 삶에 한동안 머무르면서 우리의 주의와 무한히 실망을 수용할 수 있을 것처럼 보이는 능력을 요구하는, 세계의 다정한 무심함을 누리지 못할 이유가 있을까? 나는 염세주의자의 자살 반박이라고 생각할 만한 것으로 이 책을 끝맺는다. 그러나 이것은 강인하고 쾌활하며 바라건대 심지어는 높은 기상이 있는 염세주의이다. 삶의 의미에 대한 질문은 잘못된 것으로서, 그 질문을 제기하는 일은 그만두어야 할 것 같다. 우리의 정신은 잊어버린 더러운 도덕적 세탁물을 찾아내기 위해 자기회의, 자기혐오, 자기연민의 서랍을 뒤지는 일을 결코 멈추지 않을 것이다. 중요한 것은 삶을 부드럽게, 주의 깊게 볼 수 있도록 삶을 정지해 있게 하면서 극단적인 폭력 행위로 삶을 포기하지 않고 더 느린 형태의 주의를 기르는 능력이다. 우리는 계속해나가야 한다.

¶ **소셜미디어와 자살 세대** 자살에 대한 나의 관점이 꼭 옳다고 생각하지도 않고, 그런 관점을 제기할 자격이 내게 충분하다고 생각하지도 않는다. 독자들은 이 책이 관찰과 독서에 근거한 인상들의 기록이라는 점을 발견하게 될 것이다. 그 이상은 없다. 자살충동을 느끼는 우울증에 관한 정신병리학과 신경생물학의 실질적인 전문지식이라면 재미슨의 『자살의 이해』Night Falls Fast 같은 책에서 찾을 수 있을 것이다.

　이 책 『자살에 대하여』는 2014년 11월 서퍽 해안에 있는 올드버러의 브룬델 호텔에서 쓴 것이다. 돌이

켜 생각해보면 매우 이상해 보이는 행동이다(사실 코로나19가 성행하는 여름에 뉴욕에서 글을 쓰고 있는 이 순간에는 어디든 가는 게 이상해 보인다). 이제 그 장소는 광활한 북해에 대한 모든 언급과 더불어 상당히 자기연출적인 것으로 보인다. 나를 변호하자면, 당시에는 그렇게 보이지 않았다고 말할 수밖에 없다. 그때는 사랑의 고통과 삶이 붕괴되는 느낌이라고 할 만한 것과 싸우고 있는 사람이 내린 논리적인 결정으로 여겼다.

여기서 자기비판을 하지는 않겠다. 그러기에는 시간이 너무 오래 걸릴 테고 이 서문을 쓰는 목적에서 빗나가게 될 것이다. 하지만 책의 마지막은, 지금 보기에는 다소 태평한 방식으로 너무 빨리 낙관적인 결론에 도달한 것 같아서 불만족스럽다. 사랑이 어떻게 자기살해 욕구를 넘어서 우리를 끌어당기기도 하고 증오와 절망의 구렁텅이로 몰아넣기도 하는 힘이 될 수 있는지에 대한 문제를 해결한 것 같지는 않다. 2부에서는 자살에 관한 일반적인 논쟁이 괜히 복잡해졌는데, 글을 더 명쾌하고 빠르게 전개할 수도 있었을 것이다. 노골적으로 말하자면, 한 비평가가 내 자살사고suicidal ideation의 진실성을 의심하는 글을 쓴 것을 보고 다소 날카롭게 꼬집

19

어냈다고 느꼈다. 당시 내가 쓴 글에서 내 진실성을 의심하게 되었기 때문이다. 뭐라 할 말이 없다. 그때 나는 거친 풍랑 속에서 길을 찾고 있었지만 이제는 파도가 그렇게 심하지 않다고 느낀다. 바다에 조금이라도 폭풍우가 있었는지조차 모르겠다.

최근 들어 나는 자살에 대해 사람들 앞에서 공개적으로 말하는 것을 그만두었다. 부분적으로는 내가 말하고 싶었던 것을 이미 어느 정도 말했다고 생각하기 때문이지만, 더 중요하게는 그 주제가 청중들에게서 유발할 수 있는 이상하고 매력적인 에너지가 조금 두려워졌기 때문이다. 그리고 그 과정에서 점차 나 자신의 의도를 의심하면서도 청중을 자극하고 선동하는 게 너무 쉬워져 걱정스러웠다. 자살에 대해 더 잘 이야기하게 될수록 그렇게 하면서 기만하고 있는 것 같았다. 가끔은 내가 자살에 대해 이야기하는 바로 그 순간조차 점차 거리감을 느끼면서, 검증되었지만 지긋지긋한 스탠드업 코미디를 하고 있는 기분이었다.

그렇긴 해도, 내가 이 책을 쓴 이후 몇 년 동안 자살 문제와 관련해 변한 것이 있는지 생각해보고 싶다. 명백히 기후붕괴라는 막대한 문제가 있으며, 약물에 취한 회사 간부가 고층 사무실 빌딩 꼭대기에서 비틀거리다가 휘청거리듯이 우리 모두 (다소) 시간이 걸리는 집단 자살에 참여하고 있다는 실상이 존재한다. 앤 케이스Anne Case와 앵거스 디턴Angus Deaton의 연구는 '절망사'deaths of despair에 대해 광범위하게 보고하고 있는데, 특히 대학 학위가 없는 미국 백인 노동자계급의 자기파괴적인 자살행동의 증가를 설득력 있게 제시했다.

소셜미디어 문제 그리고 소셜미디어 사용과 기분장애에서 자해, 자살사고와 자살에 이르기까지 다양한 행동 사이에 인과관계, 적어도 상관관계가 있는지의 문제는 특히 흥미롭다. 나는 사회과학자가 아니며 내가 사회과학자라고 말한다면 우스운 일이 될 것이다. 책을 준비하며 조사하던 초기, 나는 상당수의 사회학적 의사사실factoids을 신중히 모아서 초고를 썼다. 하지만 내가 하는 말의 진실성에 확신이 없어서 그 부분을 삭제했다. 자살이 통계 자료와 밝은 색 그래프 그리고 새로운 패턴의 파괴적인 사회행동에 대한 추측과 연결될 때, 자살과 관련해 일종의 도덕적 공황에 굴복하는 것은 매우 쉬우며, 그런 공황에 굴복하지 않는 것이 매우 중요하다. 이것이 뉴스가 갖추어야 할 요소이다.

자살을 완전히 이해하려면 가능한 한 풍부한 사회학적 데이터와 함께, 적어도 역사적·문화적으로 최대한 넓은 범위에 걸쳐 자살행동에 대해 오랫동안 폭넓은 관점을 구축해야 한다. 또한 이해를 위해 쉽게 접할 수 있는 방대한 아카이브의 시, 이야기, 영화, 문학적 분석에서도 영향을 받아야 한다. 그리고 자살행동이 어떻게 다양한 사회에서 젠더 배치에 연결되는지에 특히 민감할 필요가 있고, 자살이 어떻게 남성과 여성에게 매우 다른 방식으로 영향을 미치는지, 특히 논바이너리non-binary와 트랜스젠더에게 나타나는 자살 성향에 대해 명확히 분석하려고 애써야 한다. 유사한 고려사항을 자살과 관련된 민족성과 인종의 문제에 적용해야 할 것이다. 그리고 중요하게는 이런 사안을 고려한다고 해서 자살행동에 유기적·생물학적 요인이 있는지, 어느 정도까지 있는지의 문제를 배제할 수 없다. 자살충동을 느끼는 행동 유형은 신경생물학적 면에서 기질적으로, 더 정확히는 세로토닌 단계에서 가장 잘 설명될 수 있는가? 자살 경향성은, 말하자면 특정한 가계와 공동체에서 유전되는 조건인가? 자살은 저울 양쪽의 정확한 무게가 균형에 대단히 중요한 위치를 차지하는 본성과 양육을 일부 혼합하면 설명되는가? 나는 이 질문들에 대한 답을 모른다. 그리고 유익하고 정보에 입각한 판단을 할 전문지식도 부족하다. 이미 말했듯이 나는 자살에 더 철학적으로 접근하고, 그 주제를 실존적으로 분석하는 경향이 있다.

하지만 소셜미디어 문제는 걱정스러웠다. 연구에서 보이는 초기 조짐은 정말 충격적이기 때문이다. 이에 관해서는 조너선 하이트Jonathan Haidt와 진 트웬지Jean Twenge가 진행 중인 광범위한 연구에 조금 의지하고자 한다. 주로 영어권에 초점을 맞춘 이 연구 모음집은 매우 유용하다. 이 연구는 소셜미디어 이용 효과가 심각하고 지대하며 악화되고 있음을 보여주고 있다. 남성보다는 여성의 경우에, 특히 젊은 여성의 경우에 문제가 더 악화되고 있다. 2010년 이후 기분장애, 자해, 자살 사고, 자살의 발생에 상당한 증가가 있었는가라는 질문에 대해 답은 '그렇다'이다. 여기서 원인은 아이의 돌봄을 보모든 누구에게든 맡긴 채 부재한 부모에서부터 아이 생활의 모든 세부를 감시하며 고압적이고 소란스러운 돌봄으로 덮어버리는 극성 부모까지, 양육행동의 변화처럼 사회적인 것일 수 있다. 이른바 2007년에서

2009년 사이의 대불황의 영향처럼 사회경제적인 것일 수도 있다. 그러나 놀라울 정도로 폭넓고 빠르게 퍼진 스마트폰 이용과 소셜미디어의 확산이 중요한 원인인 것은 분명하다.

　최근 몇 년간 주요 우울증 삽화MDEs의 발생이 극적으로 증가했다. 이 증상은 여러 연령대에서 발견될 수 있었지만 소셜미디어 이용이 우울증 경험에 미치는 행동 효과는 Z세대나 트웬지가 인터넷 세대라고 부른 연령대, 즉 대략 1995년에서 2015년 사이에 출생해 스마트폰을 이용한 후 사춘기를 맞은 이들에게서 특히 두드러진다. 하이트와 트웬지의 연구(이 관점에는 이의가 있지만)에 따르면 2000년에서 2012년까지의 기간과 스마트폰이 시장 포화 상태에 이른 2012년 이후의 시기를 비교할 때, 자살사고의 빈도 수, 자살 시도 정도, 자살 수 같은 다수의 행동에서 실제로 중대한 증가가 있었다. 이 연구에서는 십대 초반 소녀들의 자살률은 2012년 이후 두 배가 증가했다고 주장한다. 십대 소녀들의 자살률 증가는 특히 두드러지고 충격적이다. 가족과 친구들이 전하는 다양한 일화와 뉴스에 뿌려지는 이야기는 이런 추세를 확인해주는 것처럼 보인다. 다시

한 번, 도덕적 공황 경향을 보이는 것은 피해야 한다. 우리가 행동하는 방식과 느끼는 방식에서 무언가가 변화하고 있고 변했다는 점, 그리고 그것이 대부분 스마트폰을 광범위하게 이용하기 때문이라는 점은 부인할 수 없다. 그런 변화의 영향은 젊은이들, 그중에서도 젊은 여성들 사이에서 특히 심하게 두드러진다. 우리는 이 사실에 세심한 주의를 기울일 필요가 있다.

젊은이들에게 '자살 세대'가 존재한다고 말하는 것은 지나치겠지만, 기분장애에서 자살에 이르기까지 모든 것의 증가는 그저 임의적으로 일어나지 않았다. 새로운 기술과 사회행동 사이에, 이 경우에는 소셜미디어와 자살 사이에 정확한 인과관계를 확립하는 것은 매우 어렵다. 그런 인과관계가 명확히 설정되고 지배적인 관점이 되었다면, (부드럽게 말하자면) 우리의 삶을 지배하고 있는 거대 소셜미디어 회사들의 비즈니스 모델에는 상당히 나쁜 소식이 될 것이다. ('인스타그램을 더 많이 사용하세요. 당신의 아이들을 죽일 거예요.') 소셜미디어 이용 그리고 자살충동을 느끼는 감정과 행동 사이에는 명백히 상관관계가 있다. 그것에 대해 정부와 초정부 입장에서 법과 규정 수준으로 실제로 무언가를 할 의지가 있는가는 완전히 별개의 문제이다.

¶ 코로나19와 아직 오지 않은 봄날 경험적 데이터를 보류한 채 개인적 감정과 제도 수준에서 더 생각해보면, 우리와 소셜미디어의 관계에는 무언가 심각하게 잘못된 게 있다는 점을 알 수 있다. 우리는 그것을 느끼고 항상 보며 공기 중에서 감지한다. 페이스북, 인스타그램 그리고 그 밖의 소셜미디어가 이전에 자유민주주의가 그토록 소중히 여겼을 정치제도와 자유로운 의견의 흐름을 파괴하든 아니든 상관없이 우리는 이것들이 우리의 행복에 부정적인 영향을 미친다는 점을 알고 있다. 오랜 기간에 걸쳐 소셜미디어로부터 주의를 산만하게 하는 간접적인 자극을 받으면 기분은 악화되고 잠 못 이룬 채 흥분되면서도 무기력한 상태에 빠진다. 수동적인 소셜미디어의 이용(일부 문헌에서는 PSMU라고 부른다)은 피로, 외로움, 우울증, 파스칼이 말한 일종의 17세기적 권태를 일으킨다. 그리고 작은 화면에서 끊임없이 밀려오며 우리를 응시하는 순전한 거짓, 조작된 매력, 도덕화된 의분과 비교할 때 우리의 삶이 부적절

하고 무의미하다는 느낌을 유발한다. 버지니아 헤퍼넌 Virginia Heffernan이 정확하게 말했듯이, 우리 모두는 탈진해 기억상실증에 빠져버리기에 앞서, 끊임없이 읽고 반복해 자극받고 흥분하면서 **과다각성**과 **과독증**hyper-lexia으로 고통받고 있다. 우리가 소셜미디어로부터 괴롭힘을 당하고 있다는 것이 아니다(많은 개인들이 괴롭힘을 당하고 있긴 하다). 오히려 우리는 우리 자신이 괴롭힘을 당하게 하고 당하기를 원하며 수동적으로 구타당하는 상태 같은 것에 몰아넣는다. 거기에는 모든 것과 모든 사람이 너무 많다. 우리는 로빈슨 크루소를 연상시키는 외로운 무인 왕국으로부터 눈을 돌려 기억할 가치가 없는 움직임으로 이루어진 끝없는 갤러리를 본다.

우리는 소셜미디어에 중독되어 있으며, 일단 중독되면 모든 것이 알고리즘적으로 생성된 링크의 배수로를 따라 끝없는 우울증의 토끼굴로 흘러 들어간다. 그런 중독은 고립, 동요, 두려움, 이해하기 어려운 건강 염려 증상, 불면증, 햄릿에게서 보이듯 내면에서 소용돌이치는 자기회의 같은 결과로 나타난다. 그런 행동으로 우울증을 추정하는 것은 알거나 상상하기 어렵지 않다. 자살충동을 느끼는 행동에 대한 암시는 분명해 보인다.

특히 소셜미디어 습관이 약물 사용의 증가와 알코올 의존을 동반할 때 그렇다. 여기서 술처럼 취하게 하는 물질을 사용하는 것은 결코 일탈적이거나 실험적인 것이 아니라 그저 궁지를 벗어나게 하는 방법이며, 무감각해진 일상을 버티는 방법이다. 많은 사람이 꽤 오랜 시간 동안 불쾌하다고 느낀다. 이상하게도 우리는 그런 상태를 좋아하거나 그것을 악화시키는 식으로 행동하는 것처럼 보인다.

이런 모든 경향은 코로나19 팬데믹으로 가속화되고 확대되었다. 우리가 당연하게 여겼던 사회적 상호작용, 공유된 생활방식, 실제 인간 접촉으로 이어지는 건널판이 분리되었다. 다른 사람들이 감염의 근원이 될 수 있고 우리도 마찬가지다. 우리는 마스크를 쓴 채 다가가고 거리를 유지한다. 팬데믹은 우리를 디지털 존재의 침투에 더 의존하고 노출되게 만들었다. 섬뜩한 언어를 사용하자면, 코로나19는 소셜미디어를 수동적으로 이용해 악화된, 오래된 주요 우울증 삽화처럼 느껴진다. 코로나19 팬데믹이 여러 정신적 피해와 결국에는 자살률에 미친 영향에 대해 말하자면, 어떤 것도 확실히 알기에는 너무 이르다. 그러나 나는 그것이 좋은 소식일 거라고 생각하지 않는다. 가장 흔히 자살하는 계절은 모든 것이 되살아나는 듯 보이는 봄이고, 자살을 가장 많이 하는 날은 사람들이 다시 일하려 노력하는 월요일이라는 사실은 잘 알려져 있다. 그래서 코로나19가 자살에 미친 결과는 상황이 상당히 개선될 때까지 느껴지지 않을 것이다. 사실 자가격리와 봉쇄가 행해진 팬데믹 상황은 우울증에 걸리기 쉬운 사람들에게는 약간 더 낫다는 증거가 있다. 다른 사람들도 모두 비참할 때는 자신의 우울증을 대하기가 더 쉽다는 생각이다. 우울증 기질은 집단적인 자가격리에서 위안을 찾는다. 실은 나도 그중 한 사람으로서 봉쇄와 격리 같은 상황을 약간은 즐겼고 벌써 그 금욕 생활로 보이는 것이 조금 그립다. 이 경우 팬데믹 이후 공유하는 봄날로서 그토록 찬양하는 '노멀normal, 정상로 돌아가기'는 우려할 만한 일이 될 것이다. 그리고 관련 증거에서 잘 볼 수 있듯이, 자살의 전염 효과와 자살을 방지하려는 노력이 그 행위를 촉발시키는 반대 효과를 가져올 수도 있다는 사실을 인식하고 있어야 한다. 아직 판단하기에는 너무 이르다. 라킨Larkin이 노년과 노후의 현실에 대해 말했듯이,* 우리는 알게 될 것이다.

29

¶ **자살은 다소 신과 같다** 이 책을 쓰고 난 이후 정신질환을 둘러싼 일부 오명은 약화되고 있는 것 같다. 요즘에는 프로 축구 선수들도 우울증에 대해 이야기한다. 이제 우리는 전보다 자살에 대해 더 많이 이야기하는 것 같다. 적어도 이것이 사실이기를 바란다. 이 책을 쓰게 된 큰 동기는 자살을 둘러싼 어휘를 넓히고, 그 현상을 기술하고 이해할 더 많은 단어를 찾으며, 공허하고 진부한 말보다는 공감으로 자살을 대하는 것이었다.

자살에 대해 말할 때 우리는 무엇에 대해 말하고 있는 것일까? 내가 이 책을 쓰고 자살에 대해 이야기해 달라는 요청을 받은 후 거듭 맞닥뜨린 것은 순전한 개념적 부적절함이었다. 여러모로 자살의 문제는 한 개념을 확대 해석해 광범위한 행동에 맞추려는 데 있다. 노년에 불치병 진단을 받은 후 참을 수 없는 신체적 고통에 시달린 결과로 삶을 끝내겠다는 결정은 조울증으로 인한 흥분의 순간에 갑작스럽게 저지르는 폭력적 행동과는 매우 다른 문제이다. 배신당한 연인의 자멸은 신

---

*   영국 시인 필립 라킨은 「늙은 바보들」The Old Fools에서 노년과 죽음을 묘사한다.

중하게 계획된 자살폭탄 테러범의 미친 짓과는 매우 다르다. 자살은 다소 신과 같다. 누군가 나에게 "신을 믿으세요?"라고 묻는다면 나는 항상 "어느 신이요? 신은 아주 많잖아요"라고 대답하고 싶어진다. 적어도 우리는 자살이라는 주제 아래 함께 묶이는 현상을 서술할 더 섬세하고 다양하며 폭넓은 개념이 필요하다. 앤드루 솔로몬Andrew Solomon이 『한낮의 우울』The Noonday Demon에서 소개한 자살의 네 범주는 이 작업에 매우 도움이 되는 출발점이었다. (ⅰ) 조울증적이고 극단적이고 충동적이며 갑작스러운 행동. (ⅱ) 상처에 대한 보복으로서 복수나 자기소멸. (ⅲ) 솔로몬이 "마치 우주에서의 휴가를 준비하고 있었던 것처럼"이라고 말한, 겉보기에는 실용적이지만 깊게는 잘못된 논리에 의해, 복잡하고 대개는 장황한 유서를 남기는 계획된 자살. (ⅳ) 신체적 질병, 정신적 불안정성 또는 삶의 환경에 일어난 파국적 변화 때문에 타당한 논리를 통해 계획된 자살. 분명히 말하면 (ⅳ)에 포함된 사람들의 생각은 잘못되었을지도 모른다. 특히 그들의 행동이 가까운 사람과 사랑하는 사람에게 영향을 줄 수 있다는 점에서 그렇다. 그러나 그들이 현혹되었다고 말할 수는 없다.

31

내가 보기에 솔로몬이 제시한 범주는 시작 단계로서 다른 범주를 더 추가해야 할 것이다. 내가 이 책에서 이야기한 자살-살인 형태나 약물과 알코올의 치명적인 결합으로 인해 점점 더 증가하고 있는, 의도치 않은 듯한 죽음이 그 범주인데, 후자는 의도 문제를 정확히 밝히기가 매우 어렵다. 그런 범주 목록은 확장될 수 있다. 중요한 것은, 이런 성찰 작업을 계속하면서 자살을 찬성하거나 반대해야 할 대상, 옹호하거나 맞서야 하는 대상으로 보는 단순한 생각에서 단호하게 벗어나는 것이다. 자살은 그보다 훨씬 더 미묘하다. 자살이 인간에게 유일무이한 것인지는 불확실하다. 나는 문어가 자살하는 것을 어렵지 않게 상상한다. 그러나 자살보다 더 인간적인 것은 없다. 인간은 복잡한 생명체다. 우리가 때로 삶을 끝내기로 결정하는 방식에 대해 논의할 때는 왜 그 복잡성을 박탈당해야 하는지 모르겠다.

2020년 8월
브루클린에서

I.
우리에게는 자살에 대해
솔직히 이야기할 언어가 없다

35

¶ **자살에 대하여** 이 책은 자살 유서가 아니다.

에두아르 르베Edouard Levé는 2007년 『자살』Suicide 원고를 출판사에 보내고 열흘 후 아파트에서 목을 맸다. 그는 42세였다. 장 아메리Jean Améry는 1976년 『자유죽음』On Suicide이 출간되고 2년 후에 수면제를 과다복용했다. 그는 65세였다. 1960년 알베르 카뮈Albert Camus는 『시지프 신화』The Myth of Sisyphus에서 자살의 문제를 제기하고 해결한 후—그 자신은 그렇게 생각했다—자동차 사고로 죽었다. 그는 자동차 사고로 죽는 것이 가장 부조리한 죽음이라 말했다고 하는데, 옷 주머니에 사용하지 않은 기차표가 있었다는 사실이 그의 죽음이 지닌 부조리함을 더한다. 그는 46세였다.

　독자들에게 실망을 안겨줄지도 모르지만 나는 자살할 계획이 없다는 말부터 해야겠다. 아직은…. 그렇다고 자살을 반대한다고 큰소리로 공언하면서, 스스로 목숨을 끊는 행위는 무책임하고 이기적이며 심지어는 수치스럽고 비겁하다고, 무슨 일이 있어도 살아야 한다고 이구동성으로 외치는 데 동참하고 싶지도 않다. 내가 보기에 자살은 법적으로나 도덕적으로 죄가 아니며 그렇게 여겨져서도 안 된다. 나는 자살이라는 현상, 그 행위 자체, 그 행위에 앞서 일어나는 것과 뒤따라오는 것을 이해하려 할 뿐이다. 나는 자살을 감행했거나 자살할 뻔했던 사람들의 관점에서 자살을 고찰하고 싶다—우리는 자살을 감행할 수 있는 능력이 우리를 인간답게 한다는 점을 알 수 있을지도 모른다. 나는 성급하게 판단을 내리거나 삶과 죽음의 권리 같은 도덕 원칙을 주장하지 않고, 면밀하고 신중하게 그리고 조금 냉철하게 자살을 바라보고자 한다. 우리는 오랜 시간 철저히 자살을 직시하면서 어떤 특징과 특성, 유전적 형질, 결점이 나타나는지 보아야 한다. 자살을 면밀하게 들여다보면 우리 자신의 일그러진 상이 우리를 되돌아 응시하는 모습을 보게 될 것이다.

물론 카뮈가 『시지프 신화』에서 제기한 문제는 그가 제시한 답에 상관없이 옳다. 삶이 살 만한 것인가 여부를 판단하는 것은 근본적인 철학적 질문, 즉 살아야 하는가 죽어야 하는가, 사느냐 죽느냐에 답하는 것과 마찬가지다. 앞으로 살펴보겠지만 자살에 대한 우리의 사고와 판단을 여전히 형성하고 있는 법적·**도덕적** 틀은, 삶은 신이 주신 선물이라고 언명하는 기독교 형이상학에 좌우되고 있다. 그러니 성서 어느 곳에서도 자살을 명시적으로 금하고 있지 않더라도(그리고 물론 그리스도의 십자가형이 유사-자살행위로 해석될 수 있더라도) 스스로 목숨을 끊는 것은 잘못이다. 기독교 신학자들은 스스로 목숨을 끊는 행위는 오직 신에게만 속하는 권력을 존재에 행사하는 것이라고 주장한다. 따라서 자살은 죄이다.

19세기 이후 이 신학 담론은 정신의학으로 대체되었으며, 정신의학은 자살을 죄로 단언하기보다 다양한 종류의 치료가 필요한 정신장애로 여겼다. 여전히 우리는 대체로 이런 식으로 자살을 다룬다. 자살충동이 높은 우울증은 약물 치료―가령 리튬―와 정신과 치료를 결합해 접근하는 게 최선의 방법이라고 쉽게 이야기하곤 한다. 그러나 기독교 신학에서 전해 내려온 암묵적인 도덕적 판단은 그대로 남아 효력을 발휘하고 있다. 사회나 국가가 신을 대신했을 때조차, 지난 반세기 동안 서구에서 그랬듯이 자살이 처벌 대상에서 제외되었을 때조차, 자살은 여전히 당혹스러운 반응을 불러일으키는 일종의 결함으로 여겨진다. 우리는 자살이 슬프거나 잘못된 것이라고 생각하지만 대개 그 이유도 알지 못한다. 그리고 자살에 대해 무의미하고 상투적인 말 몇 마디를 하는 것 외에 뭐라고 말해야 할지도 모른다.

우리에게는 자살에 대해 솔직히 이야기할 언어가 없다. 자살이라는 주제는 매우 불쾌하면서도 끔찍할 정도로 강력해서 그것에 대해 생각하는 것조차 아주 힘들기 때문이다. 친구나 가족, 심지어 우리가 동질감을 느끼는 유명인이 스스로 목숨을 끊으면—최근 로빈 윌리엄스Robin Williams나 필립 시모어 호프먼Philip Seymour Hoffman의 죽음에 대한 혼란스러운 반응을 생각해보라(하지만 어떤 해에든 비슷한 영향을 미치는 이야기를 발견할 수 있을지는 의심이 든다)—늘 두 가지 중 하나의 반응이 이어진다. 그들이 어리석고 이기적이고 무책임하다고 은근히 생각하거나 그런 행동은 그들 스스로 통제할 수 없는 요인(심한 우울증, 만성 중독 등)으로 초래되었다고 단정한다. 달리 말하면 그들이 스스로 목숨을 끊는 데 자유롭게 행동했다면 은연중에 그들을 비난한다. 그러나 그들의 행동이 우울증같이 통제할 수 없는 행동 요인에 의해 강제되었다고 단정하면 그들에게서 자유를 없애버리게 된다.

이런 경향에 맞서 나는 자살을 도덕적으로 비난하

거나 조용히 규탄해서는 안 되는 자유로운 행위로서 생각해볼 여지를 열어보고 싶다. 자살은 이해되어야 하며, 자살에 대해 더 성숙하고 관대하며 성찰적인 논의가 절실히 필요하다. 자살에 대한 논의 전체가 격렬한 분노에 사로잡히는 일은 너무나 흔하다. 자살한 사람의 배우자와 가족, 친구들은 자살에 대해 논의하려는 어떤 시도든 이해할 만한 분노로 반응하기 마련이다. 하지만 우리는 용기를 내야 한다. 우리는 이야기해야 한다.

　　남은 사람들의 분노 외에도 자살에 대한 우리의 반응에는 모순으로 보이는 것이 있다. 한편으로 자살에 대한 공포로 인해 우리는 침묵하며 친구가 스스로 목숨을 끊으면 놀라서 아무 말도 하지 못하는 것 같다. 특별히 누군가를 향하지 않은 채 우리는 중얼거린다. '어떻게 그럴 수 있지?' '그 친구 아내는 무슨 일을 겪어야 하는 거야? 그저 쇼핑하러 간 것뿐이잖아.' '그때 아이들은 집에 없었나?' '그 친구는 정확히 어떻게 사무실에서 목을 맨 거지?' 하지만 이런 질문들을 머릿속에서 살펴보는 중에도 우리가 그렇게 하는 이유는 명확하지 않다. 우리는 우리 자신과 자살한 사람을 구분 짓게 해줄 어떤 설명이나 핑계, 어쩌면 일종의 안도감을 찾는 것일까? 그것이 우리 기분을 나아지게 해줄까? 그렇다면 그것은 우리 기분이 나아지게 해야 하는 걸까?

얼마 전 파리에서 내게 일어난 일을 생각해보자. 내 오랜 친구는 약간의 포도주를 곁들여 저녁식사를 한 후 어린 시절부터 절친했던 친구의 자살에 대해 이야기하고 있었다. 나는 전혀 알지 못하는 사람이었다. 나는 자리에 앉은 채 친구가 그 자살에 대해 상세히 이야기하면서 지난 몇 년간 일어난 다른 친구들의 자살과 관련짓는 걸 보고 있었다. 그의 감정이 고조되는 것을 느끼고 나는 불안해졌다. 나는 그가 최근에 우울증을 겪고 있다는 것을 알고 있었다. 그는 눈에 띄게 심란해했다. 나는 무례하거나 성의 없어 보이고 싶지 않아서 그의 말을 열중해 듣고 있었다. 진심으로 그를 도와주고 싶었지만, 멍청한 질문을 하거나 상투적인 말만 늘어놓았다. "음, 적어도 그 사람은 이제 편안하겠지." 우리가 자살에 너무 가까이 있다는 것, 우리의 운명이 말 그대로 우리의 손 안에 있다는 사실은 감당하기 너무 힘들어서 말로는 제대로 표현할 수 없다. 우리가 자살에 가까이 있으면서도 동시에 멀리 떨어져 있다는 사실로 인해 우리는 침묵한다. 아니면 우리는 대화의 주제를 바꾼다. "그러면 폴은 요즘 어떻게 지내?"

　　반면 자살이라는 주제가 나오면 특히 말수가 매우 많아진다. 사람들은 달리 할 말이 생각나지 않으면 내게 무슨 연구를 하고 있는지, 무엇에 대한 글을 쓰고 있는지 사교적인 질문을 던지곤 한다. 내가 '소피스트 고르기아스와 에우리피데스 비극의 관계'나 '기억의 공간적 기술' 또는, '하이데거 형이상학의 완성과 극복 개념'에 대해 쓰고 있다고 답하면 대개 "아, 그래요? 흥미롭네요"라는 의례적인 답변을 듣게 된다. 그리고 대개 대화는 어색하게 중단된다. 하지만 내가 자살에 대한 소논문을 쓰고 있다고 하면 처음에는 주저하다가 말문이 터지면서 흥미로운 이야기, 의견, 논쟁을 꺼낸다. 사람들은 막을 수도 있었을 죽음에 대한 이야기를 마구 쏟아내며 말하기 시작한다. 친구들이 차가운 우울증의 나락에 떨어진 이야기를 하는데 그들 자신의 이야기일지도 모른다. 영웅적이고 훌륭한 죽음에 대해 만족스럽게 열변을 토하면서, 그 반대로 공허하고 낮은 웃음소리를 불러일으키는 익살맞고 우스꽝스러운 죽음에 대해서도―심지어는 더 만족스럽게―말한다. 죽음에 대한 그들 자신의 두려움과 그들이 자신들의 종말에 대해 생각해본 방식 또는 심지어 삶을 끝내기 위해 시도했던 방법에 대해 대개 간접적으로 이야기한다.

자살 앞에서 우리는 이상할 정도로 과묵하면서 유난히 말이 많아진다는 것을, 할 말을 잃으면서도 할 말로 가득하다는 것을 알게 된다. 그러나 어떤 모순이든 표면적일 뿐, 본질적인 것은 아니다. 우리는 여기서 우리를 둘러싼 채 생각을 못 하게 막는 방대한 사회적·심리적·실존주의적 장애와 억제를 직면한다. 우리는 자살이 일어난 마지막 몇 초간의 불쾌하고 은밀하며 부정한 세부에 대해 필사적으로 호기심을 가지면서 할 수 있는 한 외설스러운 이야깃거리를 찾아내려 한다. 아니면 그런 예상이 너무 두려워서 보지 못하고, 대신 공포 영화를 보듯이 얼굴을 손으로 가린 채 손가락 사이로 엿본다. 어느 쪽이든 간에 우리는 침묵이나 끝없는 수다 또는 실은 거센 분노를 통해 무언가를 숨기거나 차단하거나 감추고 있다.

¶ **자살에 대한 글쓰기** 사람들은 가볍게 또는 되는 대로 목숨을 버리지는 않는다. 사후 출간된, 자살에 관한 뛰

어난 짧은 에세이에서 데이비드 흄David Hume이 말했듯이, "삶을 유지할 가치가 있을 때 포기하는 사람은 없다고 생각한다." 우리를 주저하게 하는 구절은 "유지할 가치가 있을 때"라는 부분이다. 어떤 조건에서 삶은 유지할 가치가 있거나 없는가? 흄의 주장은, 삶이 감당할 수 없는 부담이 될 때 목숨을 끊는 행위는 정당하다는 것이다. 문제는 인내의 한계에 있으며, 그 한계는 장 아메리로부터 빌려온 공감empathy과 자기성찰introspection이라는 두 가지 단순한 수단을 사용해 연민compassion을 갖고 생각하면서 이해해야 한다.

　　지나친 이야기일 수도 있겠지만―그리고 자기모순에 빠질 위험이 있겠지만―여기에는 위태로운 자기성찰 이상의 무언가가 있다. 나에게는 자살의 문제가 실제로 또는 조금도 학문적인 문제가 아니다. 더 자세히 이야기할 필요가 없는 이유로, 지난해 전후 내 삶은 뜨거운 차 속의 설탕처럼 사라져버렸다. 인생에서 처음으로 내가 자살에 대한 생각, 도움이 되지 않는 명명이지만 '자살사고'와 진정으로 싸우고 있다는 것을 깨달았다. 이 생각은 대개 자기연민, 자기혐오와 복수심을 동기로 삼은 채, 자기파괴에 대해 여러 형태의 다양한 환상으로 나타난다. 그에 대해 상세히 열거하지는 않겠다. 그런 생각은 친숙하고 놀랍지 않으며 앞으로 여기저기에서 간접적으로 드러날 것이다. 물론 이렇게 말하는 것은 이 책의 첫 문장이 믿을 만하지 않을지도 모른다고 고백하는 셈이 된다. 그러나 불안해할 것은 없다. HBO 시리즈 〈트루 디텍티브〉True Detective에서 러스트 콜이 말했듯이 "나는 자살할 체질이 아니다." 아니면 너무나 그립고 멋진 영국 밴드 블랙 박스 리코더Black Box Recorder의 가사대로다. "삶은 불공평해. 자살하든지 극복해." 이 책은 삶을 극복해보려는 시도이다.

자살의 문제에 대해 내가 아는 유일한 방법으로— 글쓰기로—충분히 생각해보기로 결심한 후에 나는 어디에서 글을 써야 할지 생각하기 시작했다. 과거의 중력을 팽팽하게 당겨 단단히 묶어서 표류하지 않도록 막고, 압박받지 않고 동요되지 않으며 서두르지 않은 채 말이 나올 수 있게 해줄 일종의 고정장치이자 계류장치가 필요한 것처럼 보였다. 그래서 이곳, 쾌적하고 적당한 규모의 이스트앵글리아 연안도시에 왔다. 여기는 11년 전 뉴욕으로 이사하기 전까지 내가 살았던 곳에서 그리 멀리 떨어지지 않은 장소로, 여러 차례 방문한

적이 있었다. 나는 호텔에서 방을 하나 빌려 북해를 가만히 바라보았다. 내가 글을 쓰는 동안 회색, 녹색, 갈색의 파도가 끊임없이 해변에 소리를 내며 부딪히고 있었고, 바닷가 땅은 조약돌이 덮인 채 가파른 비탈을 이루고 있었다. 바람은 쉬지 않고 불어오고 비는 수그러들지 않았다. 커다란 갈매기들이 여기저기 떠다녔고 갈매기 울음소리가 돌풍 속으로 사라져갔다. 적운과 적란운의 대열이 끝없이 서쪽에서 동쪽으로, 뉴욕의 지명인 '플러싱'의 근원인 네덜란드 해안의 플리싱언 근처 어딘가로 이동했다. 동지가 다가오면서 태양은 짓밟힌 깃털 장식 같았다. 한 해year의 빛이 씻겨 내려간다. 나는 바다를 마주보고 있는 땅끝의 어둠 속에서 어둠을, 거대하고 무한한 어둠을 만나게 되었다.

　우리가 죽어감에 가장 가까이 다가갈 수 있는 방법은 글쓰기를 통해서일 것이다. 글쓰기는 삶으로부터의 작별이며, 세계의 일시적인 유기이면서 사물을 더 명확하게 보기 위한 작은 집착이라는 점에서 그렇다. 글 쓰는 사람은 삶을 더 냉정하게 보기 위해 거리를 두면서도, 더 가까이 보기 위해 삶에서 한 걸음 물러나 밖으로 나간다. 더 차분한 눈길로. 글을 쓰면서 없앨 수 있게 된다. 환영, 잊혀지지 않는 것들, 후회, 우리를 깎아내리는 기억들을.

II.
자살은 왜 비도덕적이라 여겨지는가

¶ **고대와 근대의 자살 문제** 자살은 왜 불법적이거나 비도덕적이거나 비종교적인 것이라고 여겨지는가? 근대와 고대에서 자살을 보는 관점은 극명한 대조를 보인다. 플라톤은 자살을 불명예라고 간주했지만 스승인 소크라테스의 경우처럼 사법 질서로 인한 자기살인이라는 중요한 예외는 받아들였다. 철학의 실천은, 따라서 자살로 시작한다. 『파이돈』Phaedo에서 소크라테스는 영혼의 불멸성에 대해 제자들에게 이야기하면서 철학하는 것은 죽는 법을 배우는 것이라고 말한다. 그는 추방형 대신 죽음을 택했는데 그에게 아테네를 떠나는 것은 삶을 떠나는 것보다 훨씬 더 나쁜 것이었다.

더 전체적이고 불확실한 제국주의 세계에 맞서 세네카 같은 스토아주의자들은 짧은 인생이 비애의 원인이 되지는 않는다고 주장하면서 자살에 대해 더 급진적인 관점을 취했다. 불행해서 삶을 잘 살아갈 수 없다면 그 사람은 삶을 끝낼 수 있다. 세네카는 현자, 철학자는 "살아야 하는 만큼 사는 것이지, 살 수 있는 만큼 사는 게 아니다"고 조언한다. 잘 알려져 있듯이 그는 네로로부터 자결 명령을 받았지만 자살에 실패해 목숨을 끊기까지 오랜 시간이 걸린 듯하다. 타키투스에 따르면, 세네카는 고령과 빈약한 식사로 인해 과다출혈로 죽지 못하자 소크라테스처럼 독약을 요청했지만 그것도 효과가 없었다. 결국 그는 뜨거운 물로 채워진 욕조에서 하인들의 도움을 받아 질식사했다.

이 같은 그리스 로마의 문화 배경을 고려해볼 때 자살의 문제는 무엇인가? 자살에 대한 인식은 어떻게 고대의 부분적 수용에서 이후 세기의 자살 금지로 바뀌었는가? 이 질문에 답하는 방법은 그리스도교 신학에 있다. 그러나 나는 잘 알려지지 않은, 사실상 무명에 가까운 이탈리아 철학자 알베르토 라디카티 디 파세라노 에 코코나토Alberto Radicati di Passerano e Cocconato, 1698~1737 백작에 대한 대단히 흥미로운 이야기를 통해 이 문제에 접근하고자 한다. 낙엽과 잔가지, 잔해를 쓸어버리면 그 아래에 있는 진흙투성이 바닥을 더 분명히 볼 수 있듯이, 이 이야기는 자살에 대한 일련의 주장과 입장 그리고 편견을 확인시켜줄 것이다.

피에몬테의 귀족 집안에서 태어난 라디카티는 프로테스탄트로 개종해 런던에 자발적으로 망명했다. 1732년에는 『죽음에 대한 철학적 논문』A Philosophical Dissertation upon Death이라는 94쪽짜리 소논문을 출간해 기독교와 국가의 도덕적·법적 제한에 맞서 자살에 정당성을 부여하고자 했다. 이 논문은 런던에서 큰 충격을 일으켰고 런던 주교의 거듭된 설득에 따라 법무상은 "가장 불경하고 비도덕적인 책"이라고 공표했다. 라디카티는 구속되어 상당한 금액의 벌금형을 받고 더 관용적인 연합 주였던 오늘날의 네덜란드로 도주했다. 애석하게도 몇 년 후에는 로테르담에서 철저히 궁핍한 상태로 죽었다고 전해진다. 그를 돌봐주었던 위그노 목사는 라디카티가 죽기 전 두려움에 사로잡힌 채 자신이 쓴 글을 모두 포기하고 프로테스탄트 신앙을 다시 확인했다고 말했다.

라디카티가 논문에서 전개한 단순한 논지는 개인은 자신의 죽음을 자유롭게 선택할 수 있다는 것이다. 이 자살할 권리는 고대의 주장, 특히 자살은 정당한 행위로서 신체적이든 정신적이든 참을 수 없는 고통의 상태에 작별을 고하는 고결한 태도라고 보는 스토아학파의 주장에서 영감을 얻은 것이었다. 라디카티의 관점은 고대의 사상에 의지했지만 기독교 교리와 상반되므로 과격한 것이었다. 우선 아우구스티누스가 공식화하고 이후 토마스 아퀴나스가 다듬은 개념을 따르자면, 기독교인에게 삶이란 주어진 것—소여$_{datum}$—으로서 우리에게 사용할 권리가 있지만 지배할 권리는 오직 하느님만이 특권으로 가질 수 있다. 스스로 목숨을 끊는 것은 자신의 삶에 지배권을 행사하고 오직 하느님만이 소유하고 있는 권력을 갖는 것이다. 이것이 자살이 죄가 되는 이유다. 진정한 기독교인은 고통에 맞서 병사처럼 계속 싸워야 한다.

　기독교적 관점은 과학과 유물론적 자연 개념이 부상하면서 17세기에 무너지기 시작한다. 과학과 유물론적 자연 개념은 토머스 홉스$_{Thomas Hobbes}$의 질료와 운동으로서의 실재 관념과 스피노자의 무신론적 해석으로부터 형성된다. 다시 말해 스피노자가 『에티카』$_{Ethics}$를 "신 또는 자연"이라는 공리로 시작할 때 그가 실제로 의도한 것은 물질적인 자연으로서, 그 외에는 아무것도 없다. 이 관점에 따르면 죽음은 원자 집단의 분해로서, 하나의 질료 덩어리가 다른 질료 덩어리로 변화하는 것일 뿐이다. 라디카티는 "우리는 다른 유형으로 존재하기 위해 하나의 유형으로 존재하기를 중단한다"고 적었다. 또는 스피노자의 말대로 "자유로운 인간은 죽음에 대해 생각하지 않는다. 그의 지혜는 죽음이 아니라 삶에 대한 성찰이다." 스피노자는 이 명제를 논증하면서 자유로운 인간은 이성에 따라서만 살고 공포에 지배되지 않는다고 주장한다. 자유로운 것은 선善을 직접적으로 욕망하는 것으로서, 물러서거나 실패하지 않고 이 욕망을 주장하면서 행동하고 살아가는 것이다. 그래서 자유로운 인간은 죽음을 생각하지 않는다. 인간의 삶은 그저 질료 세계의 광대하고 생기 넘치는 활력의 한 양상이다. 2세기 후에 플로베르가 말했듯이, 스피노자의 시각은 대단히 매혹적이며, 성 안토니우스가 저항할 수 없는 최후의 유혹이 된다. 질료는 신이다.

하지만 라디카티와 스피노자가 옳다면 사람들은 왜 죽음을 두려워하는가? 여기서 상황은 흥미로워지기 시작한다. 말하자면 누구도 죽음을 두 번 경험할 수 없으므로 당연히 죽음에 대한 두려움은 경험에 기반할 수 없다. 죽음에 대한 두려움을 우리의 자연적이고 물질적인 기질에 속하는 것으로 생각할 수도 없다. 따라서 라디카티는 죽음에 대한 두려움은 야심 찬 사람들이 인류에게 부여한 것이라고 말한다. "야심 찬 사람들은 자연이 그들에게 부여한 평등 상태에 만족하지 못한 채 다른 사람들을 지배하고 싶은 마음을 품었다."

이 "야심 찬 사람들"은 누구인가? 라디카티는 "스피노자의 정신"L'Esprit de Spinosa이라고도 알려진 『세 협잡꾼에 대한 논문』Traité des trois imposteurs을 언급하고 있다. 프랑스어로 쓰여 1690년대에 네덜란드에서 익명으로 출간된 것으로 보이는 이 책은 18세기의 가장 위험한 이단 문서라고 할 수 있을 것이다. 이 책은 '자유사상'으로 알려지게 된 전통으로서 스피노자와 홉스에게 뚜렷이 드러나는 급진적인 계몽사상의 유산을 체현한다. (가령 위대한 아일랜드 철학자 존 톨런드John Toland를, 이상주의자 동포이자 가차 없는 반대자였던 조지 버클리George Berkeley 주교는 자유사상가라고 불렀다.) 『세 협잡꾼에 대한 논문』은 모세, 예수, 마호메트가 "신에 대한 어리석은 생각"을 주입하고 "사람들에게 검증 없이 받아들이도록" 가르침으로써 인류를 기만한 세 협잡꾼이라고 주장한다. 이 기만의 중심에는 죽음에 대한 두려움의 형성과 세 협잡꾼이 사제계급의 지위를 통해 전파한 믿음이 있다.

예수는 어디서도 자살을 비난하지 않았고 유대교 모세의 율법에는 명시적인 자살 금지가 없지만(코란의 한 장에서는 자살을 분명히 금하고 있지만) 전체적인 그

림은 파악될 수 있다. 죽음에 대한 두려움은 인간에게 자연적인 것이 아니라 랍비나 사제, 이맘*의 기만적인 권위에 의해 주입된 것이다. 라디카티의 책과 그 책을 둘러싼 급진적인 철학적 맥락에서 인상적인 점은 과학적 물질주의, 반종교적 자유사상, 자살할 권리 사이에 관련성이 있다는 것이다.

그러나 그것은 단순히 이론적인 논쟁이 아니었다 (그리고 여전히 아니다). 1732년 4월 라디카티의 소논문이 출간된 직후 스미스 가족의 충격적인 자살이 영국에 널리 알려졌다. 스미스 부부는 런던에서 지독한 가난 속에서 살다가 딸을 총으로 쏜 후 목매어 자살했다. 신중하고도 논리정연한 긴 작별 편지에서 제본기술자 리처드 스미스Richard Smith는 라디카티의 소논문에 대해 넌지시 언급하며, 자신의 가족은 비참하게 사는 대신 의지할 데 없는 세상에 작별을 고하기로 결정했다고 적었다. 그들은 자살을 금지하는 법을 완전히 인지한 채 결정을 내렸으며 "우리의 시신이 어디에 묻히든 상관없다"고 덧붙였다. 스미스 가족(누군가는 더 스미스The

---

* Imām, 이슬람교의 종교 지도자.

Smiths의 보컬 모리시Morrissey가 부른 〈하늘만이 내 비참함을 알겠지〉heaven knows I'm miserable now를 어쩔 수 없이 떠올릴 것이다)의 유일한 소원이었던 묘비명에는 다음과 같은 문구가 적혔다.

이름 없이, 영원히 침묵한 채, 말없이
먼지와 재, 그 밖에 다른 것은 이 무덤 안에 없다.
우리가 어디에서 태어났는지
우리의 부모가 누구인지, 우리의 자식이
누구인지는 중요하지 않다.
과거에는 그랬더라도 지금은 아니다. 더 이상
우리에 대해 생각하지 않기를.
우리처럼 당신도 흙으로 돌아갈 테니.

¶ **자살 금지를 반박한 철학자들** 자살할 권리에 대한 라디카티의 주장은, 훌륭한 성직자였지만 시인으로 더 훌륭했던 존 던John Donne이 1644년 발표한 중요한 논문에 미리 형상화되어 있었다. 그것은 "비아타나토스"Biatha-natos라고 불렸는데 문자 그대로 '죽음의 힘' 또는 죽음

의 폭력이나 죽음의 영향력이라는 의미였다. 던의 책은 의미심장한 긴 제목을 갖고 있다.『자기살해는 자연적으로 죄가 아니며, 결코 그렇게 될 수 없으리라는 것, 그 역설 또는 명제의 선언』A Declaration of that Paradox, or Thesis, that Self-Homicide is not so Naturally Sin, that it may never be Otherwise. 존 던은 성서에 자살에 대한 비난이 들어 있지 않다는 사실로부터 시작해 자살이 자연적인 죄라는 기독교 교리를 논박하고 "자기살해"의 권리를 옹호한다. 흥미롭게도 던은 자신의 "병적인 성향" 때문에 자살 문제에 대해 깊이 생각하게 되었는데, 그 병이 닥치면 "감옥 열쇠는 내 안에 있으며, 내가 쥐고 있는 칼 말고는 내 마음을 구해줄 해결책이 없다고 생각한다"고 고백한다. 역사가 실비아 베르티Silvia Berti에 따르면 1700년에 재출간되었을 때 던의 책은 "자유사상가에게 죽을 권리의 선언문이 되었다"고 한다.

자살을 반대하는 기독교 주장의 오류를 드러내는 작업은 던과 라디카티에서 시작되어 흄 특유의 경제성과 침착함 그리고 쾌활함으로 완성되었다. 흄은 아퀴나스의 태도를 거의 비꼬듯이 검토하는데, 그 태도는 이른바 우주의 신적 질서에 명시되어 있는 자연법에 대한 호소에 근거한다. 가령, 흄이 말한 대로 신적 질서가 신이 만든 인과법칙을 의미한다면 그 법칙을 위반하는 것은 항상 잘못이어야 한다. 그러나 그렇다면 **어떤** 형태의 질병, 상처, 질환이든 자연법, 신의 의지와 상충하므로 치료되어서는 안 된다. 그러니 모든 의료계 종사자는 병자의 상태를 개선하려 하므로 추방되어야 한다. 그러나 그것은 터무니없는 일일 것이다. 특히 그리스도는 병자들을 치유하는 것을, 그리고 라자로의 경우에서처럼 죽은 자를 부활시키는 것을 좋아한 듯 보이기 때문이다. 신은 우리가 물을 대기 위해 강에서 물줄기를 바꾸는 것을 허용하듯 정맥에서 피를 옮기는 것도 허용해야 한다. "나일강이나 도나우강의 물줄기를 바꾸는 것은 내가 그 목적을 달성할 수 있다면 죄가 되지 않을 것이다. 그렇다면 약간의 피를 자연적인 경로에서 다른 곳으로 옮기는 것이 죄가 되겠는가?"

자살이 범죄행위라면 그것은 신이나 우리의 이웃, 우리 자신 중 어느 쪽에든 의무를 위반하는 것이어야 한다고 흄은 쓴다. 자연법에 대한 호소가 허위이므로 자살은 신을 향한 어떤 의무의 위반도 될 수 없다. 내가 참을 수 없고 끊임없는 고통을 겪기를 바란다면 악의적이고 사악한 신일 것이다. 내가 나 자신에 대해 갖는 의무에 관해서라면, 내가 치유할 수 없는 병으로 큰 고통을 받고 있고 내 존재가 나 자신에게 견딜 수 없는 부담이 되었다고 생각해보자. 내가 원하는 방안을 선택할 수 있다면 그런 상태에 계속 있기 위해 나는 어떤 의무를 가져야 할까? 이웃과 사회와 관련해, 흄은 "은퇴한 사람은 사회에 어떤 해도 끼치지 않는다. 그는 더 이상 선한 일을 하지 않을 뿐이다. 그것이 해가 된다고 해도 매우 약한 부류의 것일 뿐이다"라고 쓴다. 반대로 존재를 유지하는 것이 너무 무거운 부담이 되었을 때 자살은 우리 자신에게나 타인에게 해를 끼치지 않는다고 그는 덧붙인다. 자살은 "우리가 본보기를 보임으로써 모두가 삶에서 행복할 기회를 갖고 모든 불행의 위험에서 자유로워져 우리가 사회에 유용해질 수 있는 방법이다." 자살에 의지하는 것의 타당성, 다시 말해 법적 책임이나 도덕적 수치심으로 끝없는 고통을 겪을 필요가 없다는 통찰은 어떤 식으로든 행복해질 기회를 가질 수 있는 비결이다. 이것은 조력자살이나 동반자살에 대한 토론과 관련해 여전히 강력하고 매우 적절한 논증이 된다. 불치병에 걸린 사람은 행복보다는 불법적으로나 비도덕적으로 행동했다고 느끼지 않고 존엄한 죽음을 맞기를 바라는 경우가 매우 흔하다. 흄에 따르면, 자살은 "죄의식과 비난으로부터 벗어나 있는 것"이다.

흄의 논증에서 가장 충격적인 것은 그것이 쓰인 지 240여 년이 지난 후에도 여전히 충격을 줄 수 있다는 점이다. 자살을 바라보고 판단하는 도덕적·법적 체계는 여전히 그가 매우 우아하게 뒤엎어버린 기독교 교리에 속해 있기 때문이다. 관습법에 대한 기록과 해석을 편집한 윌리엄 블랙스톤 경Sir William Blackstone의 권위 있는 『영국법 주해』Commentaries on the Laws of England, 1765~69에 제시된 자살의 정의를 고찰해보라. 영국 관습법의 전통에서 자살은 중죄로서 살인에 대응하는 것으로 여겨졌다. 그는 다음과 같이 설명한다. "중범죄인 살인은 (…) 타당한 이유나 구실 없이, 나이나 성에 상관없이 사람을 죽이는 것이다. (…) 이는 자신 또는 다른 사람을 죽임으로써 일어날 수 있다." 그는 이 주제에 집중해 이야기를 이어간다.

영국법은 어떤 사람도 창조자인 신으로부터
위임을 받지 않은 한 삶을 파괴할 힘을 갖지

않는다고 신중하게 종교적으로 간주한다. 자살은 이중적으로 죄가 된다. 신의 특권을 침범하고 부름을 받지도 않은 채 신에게 성급하게 간다는 데서 종교적인 죄이며, 모든 국민의 보호에 관심이 있는 왕에 맞선다는 데서 세속적인 죄이다. 따라서 법은 자살을 특유한 종류의 중죄로, 자신에게 가해진 중죄, (…) 자신의 중죄felo de se로 여기며 가장 중대한 범죄의 하나로 분류한다.

이를 염두에 두면 "아, 이 질긴 살덩이도 녹아버렸으면"이라는 햄릿의 첫 번째 독백은 죽음에 대한 강한 바람을 나타낸다는 점이 상기될 수 있을 것이다. 그러나 그런 생각은 죄악이기에 그는 바로 그것을 억누른다. "하느님은 자살은 안 된다는 계율을 세우지 마시든가!" 교회법은 자살을 금지한다.

사실 자살은 이중적인 죄로, 신 그리고 왕(햄릿의 경우에는 협잡꾼 클로디어스가 되겠다)에 반하는 죄다. 누구든 자신의 목숨을 끊는 사람은 신의 영원한 권력과 왕의 세속적인 권력에 대해 죄를 짓는 것이다. 스스로 목숨을 끊는 것은 신과 왕의 통치권을 자신이 취함으로써 찬탈하는 것이었다. '신'이나 '왕'이라는 단어를 '정부', '사회', '국가', '공동체'로 대체해도 상황이 크게 바뀌지 않는다는 것은 분명하다. 자살은 자유롭고 자기 통치적인 행동이라기보다는 통치권 침해, 도덕적으로 곤란하고 비난받을 만한 불복종 행동으로 여겨진다.

물론 여기서 꽤 명확한 질문이 제기된다. 자살이 죄라면 그 죄를 저지른 사람은 어떻게 처벌될 수 있는가? 죽은 자는 어떻게 벌하는가? 다시 한 번 블랙스톤은 적절한 답변을 제시한다.

인간의 법은 그 권한 밖으로 벗어난 사람에게 어떤 처벌을 가할 수 있는가? 법은 그 사람이 남겨놓은 것, 즉 그의 평판과 재산에만 영향을 줄 수 있다. 평판과 관련해서는, 몸에 말뚝을 박아넣은 채 공공도로 한가운데 수치스럽게 매장함으로써, 재산과 관련해서는, 일체의 동산을 몰수함으로써 영향을 줄 수 있다. 이로써 자신의 평판이나 가족의 안녕을 신경 쓰는 것이 그렇게 절망적이고 부정한 행동을 억제하는 동기가 되길 바란다.

프랑스인은 자살에 대해 훨씬 더 엄중한 사후 처벌을 내렸다. 1670년 루이 14세는 자살에 대해 형사법령을 선포했는데, 이 법령에 따르면 시체는 얼굴을 아래로 향하게 한 채 거리에서 끌고 다닌 후 매달거나 쓰레기장에 던져버려야 했다. 태양왕은 프랑스의 자손들이 자살하는 것을 용인하지 않았다. 1899년 중국법에 대한 영국의 주해에서는 생존 당사자의 이익을 위해 이루어진 동반자살 합의에 특별한 주의를 기울였다. 부모가 아이에게 도움이 되기 위해 동반자살에 합의했다는 것이 증명되면 생존한 아이는 참수되어야 했다.

죽은 자에 대한 그런 처벌은 오늘날 우리에게는 소름 끼치거나 어쩌면 우스꽝스러워 보일 수도 있지만, 대부분의 이슬람 국가에서 자살은 여전히 범죄라는 점을 유념해야 한다. 그리고 미국의 경우, (의료진의 도움으로 환자가 생을 마감하는) 의사 조력자살이 오리건주에서 1997년에 합법이 되었지만 미주리주에서는 여전히 자살을 살인으로 분류한다. (물론 전통적인 법적 추론도 충분히 논리적이다. 죽고 싶어하는 사람에게 누군가가 치사량의 약물이나 독극물을 투여한다면 이것을 어떻게 자기살인으로 볼 수 있겠는가?) 사실 뉴욕주에서는 자살이 범죄로 여겨지지는 않지만 법령에서는 여전히 '중대한 공적 위법행위'로 인정된다. 암묵적으로, 죽은 사람은 무덤에서조차 중대한 공적 범죄자로 분류되었다. 물론 자살을 범법행위의 한 형태로 보는 것을 막기 위해 정신이상이나 일종의 책임 능력 저하 또는 블랙스톤의 말대로 "제정신"이 아니라고 주장하는 것은 오래되고 분명한 방법이었다.

기독교의 자살 금지가 대개 알게 모르게 그리고 미묘하게 우리의 도덕적 사고를 계속 형성하고 있다는 것은 분명하다. 자살이 '제정신'에서 이루어진 자유로운 행위라면 그것은 신, 왕 그리고 국가에 대한 범죄행위이다. 자살이 책임 능력의 저하나 심각한 우울증 같은 일종의 정신질환으로 인해 일어났다고 판단되면 자유가 제거되어버린다. 어느 쪽이든 자살을 자유로운 행위로 간주할 도덕적·철학적·실존적 공간은 닫혀버리고 만다. 나는 바로 이 공간을 탐색해보고 싶다.

¶ 삶이 신이 준 선물이라면 오직 신만이 우리의 삶에 대해 지당한 도덕적 권한을 가지므로 자살은 잘못이라

고 말하기도 한다. 이를테면 우리는 신의 소유물이다. 그렇지만 만약 그렇다면 인간은 기묘하거나 이상한 소유물이다. 여하튼 우리는 여전히 우리 자신의 자유의지로 행동하고 있다는 느낌을 갖기 때문이다. 사람들은 신의 온실에 수동적으로 놓여 있는 화분 식물이 아니다. 자유의지에 대한 능력이 어떻게 이해되든 그것은 신의 의지에 반해 행동할 수 있게 해준다. 내가 잘 행동하기 위해 나의 불완전한 의지를 신의 완벽한 의지에 동조하기를 바랄지라도 그런 동조는 결코 이루어지지도 않거니와 이루어져서도 안 된다. 나의 의지가 신의 의지라고 주장한다면 나의 모든 행동이 신성하게 인가받은 것이라고 주장하는 셈이며, 이는 죄악은 아니더라도 오만한 것이다. 기독교 전통 안에서 나는 은총을 받기를 바라는 신앙의 행동으로 나의 의지가 신을 향하게 할 수 있을 것이다. 그러나 은총은 나 자신에게나 나의 행동에 부여할 수 있는 것이 아니다. 인간이 되는 것은 신의 의지에 반해 행동할 수 있는 것이다. 우리가 신의 소유물이라면 우리는 부적절하게 행동할 수 있는 능력을 갖춘 채로 만들어진 것이다. 바로 이것이 에덴동산에서의 추방이 주는 교훈이다.

다른 종교적 논거는, 삶은 신이 준 선물이기 때문에 자살이 금지되어야 한다는 것이다. 자살하는 것은 그 선물을 거부하는 것이다. 그러나 이에 대해 잠시 생각해보면 혼란스러워진다. 삶이 신이 준 선물이라면 정확히 선물이란 무엇인가? 선물은 한 사람이 다른 사람에게 주는 것이다. 주는 행위 후에 선물은 받는 사람에게 속한다. 정의에 따르면 선물을 주는 사람은 선물을 주고 나면 더 이상 선물을 소유하지 않는다. 따라서 자살 금지가 삶은 신이 준 선물이라는 생각에 근거한다면, 삶은 많은 조건이 달린 선물처럼 보이며 이는 그것이 더 이상 선물이 아니라는 의미가 된다. 다시 말해 우리가 거부할 수 없는 선물은 선물이 아니다. 선물이 되기 위해서는 삶은 거부되고, 버려지고, 다른 누군가에게 다시 주어지고, 돈을 받고 되팔거나 거저 주어질 수 있어야 한다. 삶이 신이 준 선물이라면 신은 그 선물을 거부하는 행위로서 자살의 가능성을 고려해야 한다. 이러한 논증에 따라, 자살은 비난받을 수 없다.

동일한 이의가 제기되며, 드물지 않은 이 입장의 세속적인 형태에 반대한다. 삶은 신이 준 선물이 아니라 부모, 공동체, 또는 좀더 신성하게 자연적이거나 우주적인 질서에 있는 자신의 자리가 준 선물이라는 믿음 때문에 자살이 잘못이라고 말한다면, 이 논증도 혼란스럽다. 삶이 부모가 준 선물이라면, 이를테면 삶이 선물이 되기 위해서는 거부될 가능성과 더불어 받아들여져야 하며, 그렇지 않으면 순전히 의지를 강요하려는 시도가 될 뿐이다. 부모와 자식 사이에 어떤 유대나 세대 간 계약이 존재하든 자식의 자살 가능성은 매우 고통스럽고 괴롭겠지만(더 최악의 일은 상상할 수도 없다) 이것을 선험적으로 배제해서는 안 된다. 삶이 선물이라면 받는 사람에게 어떤 조건도 없이 주어져야 한다.

때로 신은 무한히 사랑한다고 말하기도 한다―사실 꽤 자주 그렇게 말한다. 이것이 사실이라고 생각해 보자. 하지만 신이 무한히 사랑한다면 그런 사랑은 피조물이 고통을 견디기 너무 힘들 때는 자살을 허용하는 것으로 이어져야 하지 않는가? 무한히 사랑을 베푸는 신이 어떻게 참을 수 없는 고통을 지속할 것을 요구할 수 있는가? 그런 지속 상태를 요구하는 것은 사랑과 계명의 순전한 힘을 혼동하는 것이 된다. 신은 '스스로 목숨을 끊어서는 안 된다'고 말할 것이다. 그러나 그것은 사랑이 아니다. 결국 사랑이란 무엇인가? 나는 오스카

와일드Oscar Wilde가 『심연으로부터』De Profundis에서 정의한 게 옳았다고 생각한다. 사랑은 자신이 가지고 있는 것을 주고 자신은 어떤 권한도 없는 것을 받는 것이다. 사랑하는 것은 그 사랑이 보답받으리라는 보장이 없는 것은 아닌 채, 그렇게 되리라는 희망을 갖고 다른 사람에게 헌신하는 것이다. 사랑은 가정법에서 일어난다. 그렇게 될 수도 있고, 그렇게 될지도 모르고, 그렇게 되면 좋을 것이다. 사랑의 논리는 은총의 논리와 유사하다. 진정으로 내 통제 능력 밖에 있는 것을 주고, 그것에 완전히 전념하지만 사랑이 보답받으리라는 보장은 있을 수 없다. 사랑의 관계에서는 언제든 연인이 "널 사랑하지 않아"라고 말할 수 있고 그럴 수 있어야 한다. 만약 그렇지 않다면, 연인이 사랑을 거부할 수 없다면, 사랑은 강압적인 통제, 계약상의 의무와 명령이 되어버린다. 이 중 어느 것도 사랑이 아니다. 신이 무한히 사랑한다면 그, 그녀 또는 그것이 그 사랑을 거부할 수 있고, 삶과 죽음의 문제를 스스로 해결할 수 있게 허용해야 한다.

자살에 반대하는 기독교의 주장은 '살인하지 말라'는 여섯 번째 계명을 자살도 금지한다는 의심스러운 해석으로 확장한 것에 좌우된다. 나는 살인 금지—전적으로 타당한 염원—가 인간의 자유의 본질에 대한 오해를 전제로 한, 자살 금지를 의미하는 것을 이해하지 못한다. 게다가 자기살인의 금지는 특히 초기 기독교 역사를 고려할 때 순교와 무수한 성인聖人의 죽음을 해석하는 데 큰 문제를 제기한다. 기독교 순교자는 하느님에 대한 사랑 그리고 국가 또는 다른 형태의 세속적인 이교도 권위에 대한 증오에서 스스로 죽음을 택했다. 그리스도의 십자가형은 사랑에서 행해진 유사-자살행위로 간주될 수 있는데, 하물며 그리스도의 희생을 모방한 성인과 순교자의 죽음은 말할 것도 없다. 성인들의 유사-자살행위를 찬양하면서 자살을 금지하는 것은 완전히 모순으로 보일 것이다. 순교자는 바로 그 사랑 때문에 자신의 목숨을 포기할 **정도로** 신을 향한 깊은 사랑을 증명하는 증인이다. 그러나 순교행위는 증언 그 자체처럼 사랑에서 택한 자유로운 행위여야 하며, 그렇지 않으면 성인들은 단순히 신의 꼭두각시 인형이나 로봇이 된다. 우리가 성인의 죽음에서 찬탄하는 것은, 그들이 자기 자신의 이익과 이기심보다 우선시하면서 신앙에서 행동하기 위해 자유롭게 선택한 능력이다.

그러나 그들의 전례가 절대적인 자살 금지의 근거를 제공할 수는 없다. 반대로 성인다움이 가능한 세계가 존재하기 위해서는 인간적 자유의 불안정성을 용납해야 한다. 그렇지 않으면 신의 사랑은 폭정에 빠져버린다.

연관된 혼란을 생명의 존엄성에 대한 생각에서 찾을 수 있다. 그런 말은 자주 듣게 된다. 누군가는 이렇게 말할지도 모른다. '나는 생명의 존엄성을 믿고 자살은 생명의 신성함에 대한 폭력적이고 정당성이 없는 부정이라고 믿기 때문에 자살에 반대한다.' 그러나 이런 믿음이 함축하는 것은 무엇인가? 생명이 신성한 것이라면 자살만이 금지되는 것은 아니며, 모든 형태의 살인이 금지된다. 생명의 신성함에 대한 믿음은 우선 사형에 대한 반대를 의미한다. 생명이 신성하기 때문에 자살이 죄라고 믿으면서 사형제도를 믿는 것은(그런 두 가지 신념을 동시에 갖고 있는 것으로 보이는 미국인들이 많지만) 완전한 모순이다. 마찬가지로 생명이 신성하다면 가령 전쟁 중에 일어나는 일을 포함해 모든 형태의 살인은 금지된다. 생명의 존엄성을 주장하는 논리를 따르면, 자기방어로서의 살인도 금지될 것이다. 생명이 신성하다고 믿는다면 자기방어로 다른 사람—공격자,

강도, 강간범, 칼을 **가진** 마약중독자—을 살해하는 것을 어떻게 정당화할 수 있겠는가? 일관성을 유지하기 위해서는 생명의 존엄성에 대한 신념은 완전한 수용주의와 순전한 평화주의(프렌드 교파나 퀘이커 교도 같은 일부 종교집단은 그런 평화주의에 따라 살면서 신앙을 실천하고자 훌륭하게 노력했다)로 이어져야 한다. 또한 생명이 신성하다면 모든 생명이 신성하며, 먹기 위해 소, 양, 닭, 물고기의 생명을 앗아가는 것도 금지된다. 왜 거기에서 그치겠는가? 새조개, 홍합, 갑각류는 어떤가(내가 북해를 내려다보며 이 글을 쓰고 있다는 것을 기억할 것이다)? 과일과 식물도 살아 있지 않은가? 밀, 보리, 풀은 어떤가? 생명의 존엄성에 대한 믿음은 바티칸에 있는 동명의 계승자인 프란치스코 교황은 말할 것도 없고 프란치스코 성인조차 도달할 수 없는 숭고함을 요구한다.

사실을 말하자면 생명의 존엄성에 대한 믿음의 내부는 매우 너덜너덜하고 추하며 편협하다. 생명이 고유한 가치—그리고 논증을 위해 이를 인간의 생명에 제한하기로 하자—를 가지고 있다면, 이는 모든 형태의 생명이 그런 가치를 지니며 어떤 상황에서든 인간의 생명을 앗아가는 것은 허용되지 않는다는 점을 의미한다. 이는 질병으로 인한 결과든 어쩌면 심각한 발작으로 인한 것이든 영구적으로 식물인간 상태에 있는 사람의 삶을 끝내는 것이 허용되지 않는다는 의미이다. 어떠한 경우에서든 아무리 그 고통이 끔찍하고 극심해도 삶을 유지해야 한다. 그들의 삶이 무의미해진다 해도, 그들이 존엄하게 삶을 끝내기를 바란다 해도 그렇다. 가령 영구적으로 식물인간 상태에 빠지면 삶을 끝내기로 배우자나 가족과 명백히 합의한 사람을 생각해보라. 하지만 그들은 사법권 내에서 살고 있고 해당 주에서는 생명의 신성함을 믿으므로―특히 미국에서 흔히 있는 일이다―환자의 생명을 끝내는 게 금지되어 있다고 생각해보라. 그런 경우에 그 환자의 생명은 무의미하게 연장되어야 하고 그들이 자유롭게 선택한 바람은 단순히 무시되고 만다. 그것이 어떻게 옳은 일일 수 있을까?

¶ **죽음을 선택할 권리** 자살 금지를 둘러싼 종교적 논쟁은 금세 혼란스러워졌다. 그러나 (관점에 따라) 불행하든 행복하든 비종교적 논쟁 역시 어지러워졌다.

독자들에게는 내가 자살에 대해 단적으로 자유주의적이고 반종교적인 주장을 하고 있는 것으로 들릴지도 모른다. 즉, 내가 바라는 것은 나 자신의 죽음의 시간, 공간, 수단을 자유롭게 선택할 수 있어야 한다는 것이다. 이런 입장은 권할 만하지만 안타깝게도 역시 결점이 있다. 내가 자살할 권리, 나 자신의 죽음에 대해 결정할 권리가 있다고 주장한다면, 이런 주장의 주요 전제는 내가 나 자신에 대해 완전한 자기소유self-posses-sion, 자기소유권self-ownership, 자기통치권을 누린다는 것이다. 그것은 나 자신과의 관계를 컴퓨터나 냉장고 같은 내 소유물과의 관계와 유사하게 생각한다. 나는 냉장고를 소유하는 것과 마찬가지로 나 자신에 대해 자기소유권을 누리는가? 전혀 그렇지 않다. 나 '자신'이 무엇이든 그것은 부분적으로는 나 자신의 것이지만 부분적으로는 타인과 공유하는 것이다. 부모나 형제자매, 가학적인 초등학교 교사처럼 내가 선택하지 않았는데도 나를 형성한 사람이든, 친구와 동료처럼 내가 삶을 공유하기로 선택한 사람들 그리고 배우자와 자식처럼 내가 사랑하는 사람들 중 누구든 간에 그렇다.

우리는 합리적인 존재라고 말하는 것은 진부하지

만 그렇다고 사실이 달라지지는 않는다. 자살할 권리가 자기소유권이라는 생각에서 비롯된다면 나는 우리가 우리 자신을 소유하지 않는다고 말할 것이다. 우리가 다른 사람들에게 완전히 속해 있다는 것은 아니다. 자기소유는 다른 사람들과 함께, 그들과 더불어 나를 소유하는 것이다. 우리는 어떤 고상한 독립 속에서 살아가는 것이 아니다. 우리는 의존하는 합리적 존재이고 그런 의존은 나의 자유를 제한하지 않는다. 그것이 삶의 조건이다. 내 냉장고를 생각해보라. 냉장고는 어느 정도까지 나의 것인가? 내가 값을 지불했을지 몰라도 나는 함께 사는 가족, 손님, 방문자, 임대인과 냉장고를 공유한다. 내 컴퓨터는 내 것처럼 느낄지도 모르지만 내가 글을 쓰고 있는 기계 밑면에는 감옥 같은 일련번호와 '뉴스쿨 소유'를 표시하는, 제거할 수 없는 스티커가 있다.

　자기소유권에 근거하고 있는 자살할 권리에 대한 주장은, 그것이 블랙스톤의 관습법 주해 인용문에서 보았던 통치권에 대한 주장을 변증법적으로 전도한 것이라는 점에 문제가 있다. 신과 왕의 통치권에 대한 이중 범죄라는 이유로 자살이 금지되어야 한다는 생각에 반대하기로 한다고 해서 내가 나 자신에 대한 통치권을 가지고 있다는 의미는 아니다. 내가 신과 왕을 거부하기로 한다고 해서 자신의 무인도에서 정신병적 망상에 빠져버린 미친 로빈슨 크루소처럼 내가 나 자신의 신이나 왕이라는 의미는 아니다. 바로 그것이 모든 형태의 소유적 개인주의가 하는 거짓말이다. 통치권은 인간의 삶을 구성하는 복잡한 망의 의존성 속에서 공유되고 나누는 것이다. 자살 문제와 관련해서, 통치권에 대한 주장은 금방 애매해져버린다.

자살할 권리는 삶에 대한 양도할 수 없는 권리의 당연한 결과라는 주장에서도 유사한 문제가 나온다. 그러나 이 또한 애매하다. 그렇다고 해서 자살할 수 있는 나를 아무도—신, 왕, 국가가—죽일 수 없다고 할 수 있는가? 삶에 대한 권리가 양도 불가능한 것이라면 나는 어떻게 자살행위를 통해 삶에서 소원해질 수 있는가? 나는 우선 삶에 대한 권리를 포기한 다음 자살해야 한다. 그런데 두 번째 단계의 타당한 이유는 무엇인가? 삶은 이미 포기되었으므로 삶에 대한 권리는 될 수 없다. 두 번째 권리, 아마도 죽을 권리에 호소하는 것이 필요한가? 아니면 삶에 대한 권리는 실은 양도 가능하다고 인정할 수 있는가? 그렇다면 나를 그 권리에서 소외시키는 권리를 부여하는 것은 무엇인가? 신, 왕, 국가도 내게서 삶에 대한 권리를 소외시킬 권리를 갖고 있다고 주장하는 것이 정당한가? 이 경우 우리는 자살에 대한 신학적인 금지로 시작한 그 자리로 돌아가지만, 다만 이제는 훨씬 심한 혼란 상태에 빠져버린다.

¶ **공동체에 대한 의무?** 이는 자살할 권리와 관련된 모든 논의는 심한 개념적 혼란에 빠지게 되어 있다는 잠정적인 결론으로 이어진다. 그 권리가 신, 왕, 주권 국가 또는 자기통치권을 가진 자아에 의해 행사된다고 여겨지더라도 그렇다. 이 시점에서 권리의 언어에서 의무의 언어로 방향 전환을 하는 게 도움이 될지도 모른다. 그러나 안타깝게도 이 주장은 혼란스러우면서도 혼란스럽게 한다. 다른 사람들에게 우리의 의무를 행하는 것이 자살할 '권리'에 대한 개인적인 주장보다 더 중요한가? 달리 말해 자살은 이기적인가? 자살은 우리가 사랑하는 가까운 사람들에게 한없는 슬픔을 줄 수 있고 실제로 주며, 멀리 떨어져 있는 이들에게도 중대한 영

향을 미칠 수 있다. (2014년 8월 12일 로빈 윌리엄스가 자살한 다음 날 미국의 자살 상담전화 통화량은 하루 3천 5백 통에서 7천 4백 통으로 두 배가량 늘었다.) 자살은 사랑하는 사람들에게 경제적 영향 형태로서의 물질적 피해뿐만 아니라 상당한 정서적 피해도 야기할 수 있다. 이것은 부인할 수 없지만 자살을 절대적으로 금지하는 찬성의 논거가 되지는 않는다. 자살이 다른 사람에게 미치는 피해의 문제는, 자살을 원하는 사람에게 참을 수 없는 신체적·정신적 고통의 상황 속에서 계속 살아가도록 강요함으로써 야기되는 피해와 견주어보아야 한다. 눈에 띄게 심한 우울증을 견뎠던 로빈 윌리엄스가 가족이나 팬들을 위해 살아야만 했을까? 우리가 도덕적 확실성을 갖고 그 판단을 할 수 있을지는 의심스럽다.

자살과 관련해 '공동체'와 '공동체'에 대한 의무에 관해서도 많은 논의가 있다. 그러나 이 또한 애매하다. 우선 21세기 초반의 이 시점에서 우리 대부분이 어떤 종류의 '공동체'에서 살고 있는지, 그리고 상상적이든 이데올로기적이든, 느낌이든 실제적이든, 어떤 종류의 유대가 우리를 공동체에 결속시키고 있는지는 명확하지 않다. 적어도 신과 왕에 대한 논의는 '공동체'와 관련해 대체로 희망적 관측보다는 형이상학적인 실체를 더 많이 갖고 있다. 둘째로 구성원들이 원하지 않을 때도 살아가도록 강요하는 것은 어떤 종류의 '공동체'인가? 대부분의 사람은 그들이 태어나는 곳이나 사는 곳을 선택하지 않는다. 사람은 자신이 선택하지 않은 것에 대해 어떤 종류의 의무를 갖는가? 그리고 다른 '공동체'에서 살기로 선택할 정도로 운이 좋다면 그 공동체에 대해서는 어떤 의무를 가져야 하는가? 어떤 '공동체'에서 살기로 선택한다고 해도 그것이 자신의 삶을 끝낼 선택도 필연적으로 제거하는 것인가? 그리고 암묵적이거나 명시적인 '사회 계약'이 존재한다 해도(매우 의심스럽지만), 특히 우리 대부분이 사전 동의를 하지 않았는데 대체 어떤 종류의 계약에 기피 조항이 없는가?

이 입장의 반대를 고려해보라. 내가 사회나 '공동체'에 대해 자살하지 않을 의무를 갖고 있다면 사회도 나를 죽이지 않을, 또는 사형 형태로든 전쟁이나 테러 공격으로 죽을 수도 있을 징병을 통해서든 죽음으로 위협하지 않을 상호적인 의무를 갖지 않는가? 생명의 존엄성에 대한 논증에서 보았듯이 자살하지 않을 의무를 요구할 수 있을 유일한 종류의 '공동체'는 완전하고 철저한 평화주의 사회이다. 그런 사회의 가능성은 매력적일지도 모르지만 그런 것이 존재한 적이 있는지, 실제로 존재할 수 있을지는 명확하지 않다.

　이제 P. D. 제임스P. D. James의 1992년 소설을 원작으로 알폰소 쿠아론Alfonso Cuaron이 2006년 감독한 훌륭한 영화 〈칠드런 오브 맨〉Children of Men의 예를 통해 왜곡된 형태의 전도를 생각해보자. 영화는 우리가 사는 세상과는 다른 세상을 그린다. 권위주의적 체제는 점점 더 불안해하며 국토 안보에 집착하고, 격세유전隔世遺傳적 민족주의가 이민과 이민자들에 대한 공포와 뒤섞여 정치계를 지탱하고 있다. 〈칠드런 오브 맨〉에서 이야기의 핵심은, 인간의 번식 능력이 사라지고 멸종 가능성이 임박했다는 사실이다. 영국은 세계에서 외관상으로라도 질서를 유지하고 있는 마지막 국가로 간주되는데, 은밀한 파시스트 정부는 (『햄릿』에 고개를 끄덕여 보이며) '콰이어투스'*라는 약물을 지급했다. 시민들은 더

---

* 　Quietus, 『햄릿』에서 '생의 마감'이라는 의미로 사용되었다.

큰 선善을 위해 스스로 목숨을 끊도록 장려되었다. 나는 이 시나리오가 '공동체'에 대한 의무에 근거해 자살에 반대하는 모든 주장의 문제를 보여준다고 생각한다. 하지만 〈칠드런 오브 맨〉의 경우에 시민의 의무는 '공동체'를 위해 스스로 목숨을 끊는 데 있다. 자살이 허용되는 법적·도덕적 입장에서 자살하도록 힘을 행사하는 파국으로 치닫는 경우를 상상하는 게 불가능하지는 않다. 조력자살이든 동반자살이든 아니든 간에 사회는 쓸모없다고 여기거나 잉여, 불로소득자로 간주하는 사람들이 온건하든 아니든 간에 자살하게 한다. '자, 공동체에 옳은 일을 하십시오. 목숨을 끊으세요. 적어도 누군가는 당신의 일자리를 갖게 되고, 먹여 살려야 할 사람은 한 사람 줄어들 것입니다.'

¶ **죽음이 더 낫다는 판단은 가능한가** 논의 정리라는 미명하에, 권리나 의무 개념에 근거한 자살 찬성론과 반대론 모두 서서히 압박과 재촉을 받으면 허물어지고 만다는 것을 보여주었기를 바란다. 자살에 대한 친숙한 주장과 반대 주장은 조수가 바뀌면서 공중에 증발해버

리는 바다 안개 속으로 사라져 없어진다.

합리적으로 선택한 자살은 정당하다는 주장은 어떤가? 내가 며칠간 자살을 해야 할지 찬반론을 조용히 합리적으로 따져본다면 어떤가? 이제 모든 합리적인 근거를 고려해 내가 목숨을 끊어야 한다는 결론에 도달했다고 하자. 나는 자살 유서에 이유를 적은 후 봉투에 넣어 호텔 침대 위에 놓고, 집어삼켜버릴 듯 언제나 물결을 일으키는 바다 속으로 사라져버릴 수도 있다.

그런데 삶을 끝내겠다는 결정이 어떻게 합리적일 수 있을까? 그 결정이 합리적이기 위해서는 살아 있어야 할 이유를 살펴보고 죽어야 할 이유와 비교해 평가해야 한다. 그러나 죽음을 내가 정확히 경험해본 것도 아닌데 어떻게 내 현재 상태보다 죽은 상태가 더 낫다고 합리적인 판단을 할 수 있을까? 사실 분명히 그럴 수 없다. 이때 현명한 에피쿠로스Epicurus를 인용하게 된다. 죽음이 존재하면 내가 존재하지 않고, 내가 존재하면 죽음이 존재하지 않는다. 그러니 왜 걱정하겠는가? 에피쿠로스의 지혜는 불멸에 대한 갈망을 제거함으로써 죽음에 대한 두려움의 해결책이 될 수도 있었다. 하지만 중요한 것은, 합리성에 근거해 죽음을 정당화하면, 이성은 죽음을 자세히 들여다볼 수 없고 그에 대해 어떤 합리적인 판단도 할 수 없다는 사실을 직시해야 한다는 점이다. 죽은 자는 말이 없다.

동일한 논증 방식이, 스스로 목숨을 끊는 것은 자율적인 결정이므로 내 행동이 타당하다는 주장으로 이어질 수 있다. 칸트 같은 일부 철학자들에게 합리성과 자율성은 도덕적 동전의 양면이다. 내가 정당하게 적용을 받는 유일한 법은 내가 나 자신을 위해 제정한 법이다. 그런데 자살과 관련해 내가 어떻게 자율적일 수 있을까? 나는 자율성을 제거하기 위해 자율적인 결정을 내리고 있는 건 아닐까? 어떻게 자율성이 그것을 포기하려는 최종 결정과 일치할 수 있을까? 타율적인 죽음이라는 사실은 내가 통제할 수 없는 것, 내가 결코 경험할 수 없는 경험의 영역인 죽음에 자신을 맡기는 것이 아닌가? 따라서 자살이란 암묵적으로 비합리적인 것이 아닌가? 그것은 어둠 속으로 뛰어내리는 것이 아닌가? 맹신이 아닌가?

자살이 비합리적인 맹신이라는 주장은 일시적인 위안을 제공해주는 것처럼 보일지도 모른다. 그러나 그럴 리 없을 것이다. 30년 전에 처음 읽은 이래로 계속

마음에 남아 있는, 모리스 블랑쇼Maurice Blanchot의 소설
『토마 알 수 없는 자』Thomas the Obscure에 나오는 무서운
순간이 생각난다. 블랑쇼는 이렇게 쓴다.

> 마지막 의지처였던 발판을 밀어버리고 목을 맨
> 순간, 남자는 허공으로의 도약을 느끼는 대신
> 자신의 목을 맨 밧줄만을 느끼면서 그가 그토록
> 떠나고 싶어한 실존에 그 어느 때보다도 더
> 고정되고 연결된 채 붙잡혀 있다.

블랑쇼가 그토록 강렬하게 묘사한 그 끔찍한 전망
은, 자살하는 모든 사람은 어둠 속으로 도약한 후에 그
들이 그토록 떠나고 싶어했던 실존에 더 단단히 묶어두
는 밧줄을 느끼게 된다는 것이다. 자살은 그들이 합리
적으로 또는 비합리적으로 떠나고 싶어했던 실존에 전
에 없이 얽매이는 경험을 하도록 한다. 자살이 비합리
적인 도약이라면 우리는 도대체 왜 그것을 합리적으로
선택해야 할까?
　　죽음에 대한 두려움을 극복할 수 있더라도 그것은
죽어감의 공포에 항상 압도당하지 않는가? 죽어감의

경험은 그 대안, 즉 살아남아 견디는 것보다 한없이 나쁠 것이다. 어쩌면 그것이 에피쿠로스의 지혜에 담긴 진실일 것이다. 우리는 죽음에 대해 아무것도 알지 못하므로 죽음을 초래할 어떤 것도 해서는 안 된다. **대신 살아가라.** 다양한 자살 방법의 상대적인 가치에 대해 도로시 파커Dorothy Parker가 쓴 유명한 구절이 생각난다.

면도칼은 아프고
강물은 축축하다
산Acids은 얼룩을 남기고
약은 경련을 일으킨다
총은 불법이고
밧줄은 풀어질 수도 있으며
가스는 냄새가 끔찍하니
차라리 사는 게 낫다

파커는 1967년에 신경안정제 과다복용으로 자살에 성공하기 전에 적어도 다섯 차례 자살을 시도했다. 마지막 자살 유서에는 다음과 같이 적혀 있다. "내 책의 모든 인세는 존 매클레인에게 주고, 옷과 손목시계 그리고 내 작은 개 로빈슨은 언니 헬렌 드로스트에게 맡긴다."여기에서 정말 가슴 아픈 것은 손목시계, 크루소와 같은 이름을 가진 작은 개처럼 세부사항에 세심한 주의를 기울이고 있는 점이다.

　자살과 관련해 합리성의 문제는, 자살자들이 대개 그 당시에는 완전히 합리적으로 보이는 세심한 신중함으로 자신들의 죽음을 계획한다는 사실 때문에 매우 복잡해진다. 합리성은 보통 심한 우울증과 결합되며, 우울증은 이성에 큰 혼란을 일으킨다. 가령 나는 일본 작가 미시마 유키오三島由紀夫의 할복자살을 생각한다. 그는 "천황폐하 만세!"라고 외친 후 복부를 17센티미터(거의 7인치) 깊이로 절개했다. 안타깝게도 자살은 엉망이 되었고 미시마의 부하 한 사람이 마지막으로 그의 목을 쳐야 했는데 두 번이나 실패했다. 세 번째 시도는 목표에 도달했지만 충분히 힘을 가하지 않아서 결국 다른 대원이 참수를 끝내야 했다. 이때쯤에는 미시마의 장기가 바닥에 뿌려져 방에서 악취가 나기 시작했다. 미시마는 자신의 자살이 불명예스러운 세상에서 일본의 명예를 구할 수 있을 거라고 완전히 합리적으로 믿었다. 그것이 순교의 꿈이든 천국에 대한 망상이든 명예와 보복에 대한 환상이든 간에 우울증으로 인한 자살에는 비뚤어진 합리성이 있고, 그 안에서 모든 이유는 돌이킬 수 없고 겉보기에 피할 수 없는 결정으로 이어진다. 이성은 출구 없는 마지막 긴 터널 속으로 뛰어든다.

사실 우울증으로 인한 자살을 완전히 이해하기 위해서는 그런 정신 상태 안에 있어야 한다. 나는 여기에서 임상심리학자이자 『동요하는 마음』An Unquiet Mind의 저자 케이 레드필드 재미슨의 증언을 따른다. 그는 자살충동을 느끼는 우울증에 대해, 정신과 치료와 약물요법을 주의 깊게 조합해 자신이 회복에 이른 경험을 통해서 대단히 인간적이고 박식하며 개인적인 설명을 제시한다. "자살충동을 느끼는 우울증은 냉혹하면서도 흥분된 공포, 끊임없는 절망의 상태이다. 삶에서 가장 사랑하는 것들이 빠져나가버린다. 종일 그리고 밤새도록 모든 것에 애를 쓴다. 희망도, 의미도, 무도 없다."

자살과 그것의 터널 시야의 치명적인 논리를 이해하기 위해 나는 우리가 가진 가장 강렬한 형태의 증거, 자살 유서에 의지하려 한다.

III.
자살 유서

¶ **마지막 소통** 2013년 5월, 나는 자살 유서 쓰기 워크숍을 조직했다. 친구 시나 나자피Sina Najafi와 함께 기획한 '죽음학교'라는 워크숍은 맨해튼 웨스트 21번가의 아주 작은 공간에서 설치미술의 일환으로 2주 동안 진행되었다. 이 팝업 학교는 계몽이라는 다소 모호한 개념을 추구하면서 영국의 중상계급에게 다소 역겨운 자기계발 철학을 팔고 있는 런던의 인생학교The School of Life에 대한 음흉하고 명백히 도발적인 반발이었다. 창의적 글쓰기 수업이라는 점점 커져가는 잿더미를 찔러보기 위한 것이기도 했다.

전시회 폐막 겸 '죽음학교'를 끝내는 방법으로써 글쓰기 수업을 하기로 예정된 토요일 오후에는 5월인데도 쌀쌀했고 비가 끊임없이 내렸다. 놀랍게도 열다섯 명가량의 사람들이 도착했고《뉴욕 타임스》기자가 문간에서 어색하게 서 있었다. 사람들이 퍼져 있을 수 있도록 작은 공간의 유리문은 열어놓았다. 모두 추워서 코트와 재킷을 입은 채 한데 모여 바닥에 앉았다.

자살하는 사람은 유서에서 항상 누군가에게 이야기한다. 자살 유서는 소통을 시도한다. 유서는 마지막으로 소통하려는 필사적인 시도다. 마지막 소통이다.

유서를 쓰는 사람이 마지막으로 표현하려는 시도에서 포기하려는 갈망을 나타내면서 소통의 실패를 소통한다는 의미에서 자살 유서는 실패한 시도이기도 하다. 자살하는 사람은 홀로 죽는 것을 원하지 않고, 유서의 수신인 또는 그 외의 다른 사람들과 함께 죽고 싶어한다.

자살 유서는 아주 오래전부터, 아마도 고대 이집트 시대부터 존재했을 것이다. 18세기 영국에서는 문자 해독율의 상승과 신문의 급격한 성장과 전파로 자살 유서가 쉽게 인지할 수 있는 근대적 형태로서 두각을 나타내게 되었다. 18세기 자살 유서의 독특한 점은 스미스 가족의 경우에서 볼 수 있듯이 자살하려는 사람들이 통상적으로 신문사에 유서를 보냈다는 사실이다. 근대의 자살 유서는 당시에 근본적으로 공표이자, 매우 공적인 행동이며, 왜곡된 형태의 공개였다. 오늘날 흔히 그러듯이 우리가 자살 유서를 비밀스럽게 감추면서 그것이 배우자나 가족의 신성한 영역이라고 간주하는 것을 생각하면, 역사적인 증거 앞에서 우리는 주저할 수 있다. 자살 유서는 때로는 신성불가침의 영역이지만 대개는 그렇지 않다.

사실 자살의 세부사항을 비밀로 유지하고자 하는

욕구는 미심쩍다. 모두가 알고 있듯이 골든게이트교는 자살 명소이다. 그러나 다리에서 뛰어내리는 모든 자살 행위는 샌프란시스코를 향한 채 이루어진다. 아무도 태평양을 향해 뛰어내리고 싶어하지는 않는다. 이상하지 않은가? 자살이 때때로 공적인 행동이며 공개적인 행동이라는 점을 받아들이지 않는다면 그렇다. 이는 브루클린브리지, 영국 남부 해안의 비치 헤드, 토론토 블루어 스트리트 고가다리 또는 이제는 보안이 강화되고 다리에 자살 방지 펜스가 설치된, 유명한 아이비리그 자살 명소인 뉴욕주 북부의 코넬대 협곡 같은 자살 장소의 인기를 설명해줄 수 있을 것이다.

자살 유서는 드러내 보이기의 형태이며, 의도적인 과시 행위의 징후이다. 사실 유서를 읽는 이들에게 그것은 일종의 포르노그래피이다. 우리는 숨겨져 있거나 금지된 정신 상태를 엿보는 사람이 되도록 허용되며 유서는 일종의 병적인 매력을 발휘한다. 그러나 그렇다고 해서 우리가 유서를 보아서는 안 된다는 의미는 아니다. 우리는 자살 유서에서 무언가를 배울 수도 있다. 자살 유서의 과시가 우울하거나 우울증을 앓는 사람의 특징이라는 말도 논란의 소지가 있다. 우울한 사람들의 특이한 점은—잊지 않도록 말하자면, 우리 중 많은 사람이 포함된다—조용히 있지 않고 자신의 불행에 대해 끊임없이, 수다스럽게 알리는 경향이 있다는 것이다.

물론 전형적인 사례는 자살충동에 사로잡힌 햄릿으로서, 그는 아버지의 살해 그리고 아버지를 죽인 살인자와 어머니의 성급한 재혼에 깊은 비탄을 느끼는 데 그치지 않고 우리에게 계속해서 독백으로 이야기한다. 햄릿의 대사에서 가장 놀라운 것은 편집증적 성격이 아니라 통찰력이다. 그가 한탄하는 것—슬픔의 본질, 전쟁의 무용함, 허상에 불과한 연극의 힘, 부모가 갖고 있는 욕망(특히 어머니가 갖고 있는 욕망)의 모호함 그리고 무엇보다도 존재의 본질에 대한 회의—은 전적으로 진실이다. 우울증에 대한 끊임없는 자책은 매우 자주 정확하다. 우리는 햄릿에게서 우울증과 과시욕이 강력하게 혼합해 있는 것을 본다.

❡ **우울증과 사랑-증오** 프로이트는 1917년에 발표한 훌륭한 논문 「애도와 우울증」Mourning and Melancholia에서 이 혼합이 만들어지는 방식을 무서울 정도로 명확하게

제시한다. 애도가 사랑하는 사람의 죽음에 대해 느끼는 슬픔으로서 비탄과 탄식으로 이어진다면, 우울증에서 슬픔의 대상은 더 이상 죽어버린 사랑하는 사람이 아니라 자기 자신이다. 프로이트에 따르면 우울증에 걸린 자아는 스스로를 부정하고 자신을 대상화하며 심하게 불평한다. "정말이지 나는 얼간이야!"라고 햄릿은 말한다. 우울증에 빠진 자아는 자신을 엉망진창이 된 상태라고, 끔찍하게 결핍되고 결함이 있다고 보는 셈이다. 자아의 사디스트적인 충동은 상처를 주는 마조히즘으로 뒤집힌 채 끊임없이 자신의 잘못을 질책한다. 프로이트의 표현을 따르자면 자아의 나르시시즘적 자기애는 자기혐오의 근거가 된다.

그는 이것이 자살이라는 수수께끼의 해답으로서 우울증이 그토록 매력적이고(햄릿의 연출된 괴이한 행동이 끝없이 이어질 때 그렇게 느낀다) 위험해지는 이유라고 본다. 여기서 논증은 중요한 두 단계로 이루어진다. 첫 번째 단계와 관련해 프로이트는 이렇게 썼다.

우리가 본능적 삶이 유래한 원초적인 상태로
인식하고 있는 자아의 자기애는 매우 강렬하고,

삶에 대한 위협에서 나타나는 공포 속에서
방출되는 나르시시즘적 리비도의 양도 매우
막대해서 우리는 자아가 어떻게 자기파괴를
받아들일 수 있는지 상상할 수 없다.

프로이트는 다른 글에서 증오는 사랑보다 더 오래
된 것이라고 말했다. 자아의 원초적 기질은 어떤 희생
을 치르더라도 스스로를 지키려는 나르시시즘적인 리
비도에서 일어난다. 그런데 그것이 사실이라면 자살은
어떻게 가능한가? 이를 위해서는 두 번째 단계가 필요
하다.

이제 우울증 분석을 통해 다음과 같은 사실을
알게 된다. 자아가 대상 리비도 집중object-cathexis에
복귀해 자신을 대상으로 취급하게 되면, 즉 외부
세계의 대상에 대한 자아의 원초적 반응을
표현하면서 대상에 결부되던 적대감이 자아
자신을 향하게 되면, 자아가 자신을 죽일 수도
있다는 것이다.

프로이트의 지적은 "대상 리비도 집중"에 대한 이해하기 어렵고 복잡한 이야기를 제외한다면 매우 명백하다. 우리의 강한 자기애를 고려해볼 때 우리 자신의 목숨을 끝내기 위해서는 우리 자신이 대상이 되어야 한다. 더 정확하게 우리 자신이 우리가 증오하는 대상이 되어야 한다. 따라서 자살은 엄밀히 말해 불가능하다. 나는 **나 자신**을 죽일 수 없다. 내가 죽이는 것은 내가 되어버린 증오받는 대상이다. 나는 현재의 나인 그것을 증오하고 그것이 죽기를 바란다. 자살은 살인이다.

데이비드 포스터 월리스David Foster Wallace가 2005년 케니언 대학교에서 한 훌륭한 졸업식 연설 『이것은 물이다』This is Water에서 매우 정확하게, 비애감을 담아 말한 것이 바로 이 살인으로서의 자살 개념이다. 그는 마음은 뛰어난 하인이지만 형편없는 주인이라는 말이 진부하다는 것을 인정한다. 그럼에도 그 말은 사실이다. 그리고 이것이 사람들이 총기로 심장 대신 머리를 쏘아 자살하는 이유라고 덧붙인다. 그들은 그 형편없는 주인을 죽이고 싶어한다. 이것이 프로이트가 의미한 것이다. 자살은 우리를 노예로 만드는 것에서 벗어나려는 각오이다. 마음, 머리, 두뇌, 눈 뒤 어딘가에서 열성적으로 활동하는 그 모호한 영역이 우리를 노예화한다.

이는 자살 유서라는 현상, 우울증과 과시 행위의 혼합, 자기애가 증오가 되고 자신의 행동을 사과하면서 죽는 행위를 부분적으로 설명해주기도 한다. 시인 파울 첼란Paul Celan은 센강에 몸을 던지기 전에 어느 평전의 다음 구절에 밑줄을 그어놓았다. "이 비범한 재능은 때로 어둠 속에 빠져들어 자신의 마음의 비통한 우물 속에 가라앉는다." 자살 유서를 쓰면서 사람은 자신을 대상이, 비통한 우물에 빠져버린 증오의 대상이 되게 한다. 매사추세츠에 사는 50세 남자는 이렇게 적었다.

내 삶은 끝났다
나는 아무 쓸모가 없다
나는 죽었다.

그러나 자살 유서의 변증법에는 그 이상의 예기치 않은 전환이 있다. 자기애를 극복하고 자살을 가능하게 하는 증오는 가장 극단적으로 사랑을 외치는 기회이기도 하다. 마치 강렬한 자기증오가 최후의 진심 어리면서도 강렬한 사랑의 선언인 듯하다. 쌍을 이루는 사랑과 증오의 에너지는 극적으로 분리되고, 우리는 우리 아래에 열려 있는 심연 속으로 빠져버린다.

자살 유서는 사랑과 증오의 심오한 양가성이 펼쳐 지는 무대다. 커트 코베인Kurt Cobain은 자살 유서를 여러 편 썼는데, 1994년 3월 로마의 한 호텔에서 쓴 유서에 는 "나는 햄릿처럼 삶과 죽음 중에서 선택해야 해. 나는 죽음을 선택하겠어"라고 적혀 있었다. 1994년 4월 5일 에 쓴 마지막 유서는 대단히 흥미로운 사실을 드러낸 다. 유서는 어린 시절 지녔던 애정 어린 순수함에 대한 갈망을 표현하면서 시작한다. "나는 너무 예민해. 어렸 을 때의 열정을 되찾으려면 조금 무감각해져야 해." 양 가성은 되돌아오기 전에 급하게 방향을 바꾸어버린다.

일곱 살 이후로 나는 전반적으로 모든 사람을
혐오했어. (…) 나는 너무 변덕스럽고 침울한
아이였지! 나는 더 이상 열정이 없어. 서서히
사라지는 것보다는 한 번에 타버리는 것이 낫겠지.
평화, 사랑, 공감. 커트 코베인.

코베인은 유서 하단부에 커다란 대문자로 **"사랑해!**

사랑해!"라고 적어놓았다. 커트니 러브Courtney Love는 장례식에서 그의 유서를 낭독하면서 사람들에게 "그 사람한테 망할놈이라고 전해주세요. 아시겠죠? (…) 그리고 그를 사랑한다고 말해주세요"라고 말하며 마무리했다. 코베인의 자살 유서에서 보이는 사랑과 증오의 양가성은 러브의 증오에 정확히 포착되어 있다. 이것은 자크 라캉Jacques Lacan이 '애증'hainamoration, '증오-사랑'이라고 부른 것이다.

　내가 아는 가장 가슴 아픈 자살 유서 하나는 그저 다음과 같다.

　베티에게
　당신을 증오해.
　사랑을 담아, 조지.

　우리는 우리가 사랑했던 사람을 증오하면서, 우리의 죽음으로 그들을 벌하기를 바라면서 죽는다. '거 봐, 지금 당신 기분이 어떤지 봐. 이제 내가 거기 없으니 분명 나를 사랑하게 될걸. 당신이 한 짓이 후회될걸. 안그래? 어?'

¶ **복수, 응징, 항의로서의 자살** 사랑과 증오의 양가성은 자살에서 복수의 형태로, 부당함과 잘못을 인식하고 그에 대해 응징하는 것으로 표현된다. 에우리피데스 비극의 여주인공 메데이아는 자살하는 대신 남편 이아손이 저지른 잘못에 대한 보복으로 자신의 두 아들을 죽인다. 현대의 메데이아도 많이 있지만 그들 모두가 여성은 아니다. 2014년 인도 세쿤데라바드의 사립 경영대학원 조교수로 30여 권 이상의 학술 출판물을 단독 또는 공동으로 저술한 알루루 라가벤드라 구루프라사드Aluru Raghavendra Guruprasad 박사는 기차에 몸을 던지기 전에 두 아들을 죽였다. 그는 전처가 아이들과 충분한 시간을 보내지 못하게 한 데 화가 났던 것 같다. 그리고 내가 이 글을 쓰고 있는 저녁 이스트앵글리아 지역 뉴스에서는 서퍽주 로스토프트에서 35세 여성이 세 아이를 죽이고 시신을 침대에 눕혀놓은 채 각각 립스틱으로 "사랑해"라고 써놓은 사건이 보도되었다. 아이들을 죽인 후 그는 바다에 투신했다. 내가 지금 바라보고 있는 바로 그 차가운 북해 속으로.

보복자살이라는 현상은 더 정치적인 형태의 자기 살인으로 확대될 수 있다. 히샴 II는 자살 특공 임무로

세 명의 이스라엘 군인을 죽이기 전에 다음과 같이 적
었다. "이 세계의 삶은 그저 게임이며 재산과 아이들을
늘리는 것에 불과하다. 신께서 준비하신 것이 이것보다
는 낫다." 사이공의 한 교사는 베트남전에 항의하면서
성모 마리아와 관세음보살 사진을 옆에 둔 채 탑 앞에
서 분신자살했다. 자살 유서에는 다음과 같이 적혀 있
었다.

나의 의향
나의 몸을 햇불로 사용하여
어둠을 몰아내고
사람들 사이에서 사랑을 일깨우고
베트남에 평화를 가져오기를 바란다.

2010년 12월 17일, 튀니지의 노점상 모하메드 부
아지지Mohamed Bouazizi는 단속 공무원에게 괴롭힘을 당해
분신자살했고, 이는 아랍의 봄이라고 불린 큰불을 촉발
시켰다. 그는 2011년 1월 4일 중화상으로 사망했다.
우리는 이런 예를 '이타적 자살'의 경우로 생각할 수도
있을 것이다. 이타적 자살은 중국의 티베트 점령에 항

의하며 1998년 툽텐 응오둡Thupten Ngodup을 비롯한 티베트 승려들이 분신한 것처럼 부당함을 인지하고 이에 이목을 집중시키기 위해 자살하는 것이다.

자살 유서에서는 다른 표면적 동기도 나타난다. 아돌프 히틀러Adolf Hitler는 유서에서 "아내와 나는 파면과 항복의 수치에서 벗어나기 위해 죽음을 택한다"라고 했다. (하지만 히틀러가 에바 브라운Eva Braun에게 "나는 자살하겠어. 같이 할 거지?"라고 말했을지는 모르겠다.) 2차 세계대전 후 뉘른베르크 재판 중에 게슈타포와 독일 제국원수의 창시자인 헤르만 괴링Herman Göring은 연합군이 그를 총살시키는 대신 교수형에 처한다는 말을 듣고 자존심을 지키고자 음독자살했다. 괴링의 세계관에서, 상당한 위상을 가진 그에게는 총살이 더 기품 있고 적절한 퇴진이었다.

자살은 사업적 판단으로 보일 수도 있다. 알렉스 C는 수년간 막대한 비용을 들여 미국 연방 국세청과 싸웠다. 그는 다음과 같이 아내에게 자신의 자살에 대해 설명했다.

나는 당신이 자금을 융통할 수 있도록 삶을 끝내.

국세청과 제멋대로 구는 정부기관이 우리 재산에
불법적으로 취한 유치권 때문에 우리가 가진 모든
융자 공급원이 고갈됐어. 그래서 내가 할 수 있는
유일한 결정을 내렸어. 이건 순전히 사업적
판단이야. 당신이 이해해줬으면 좋겠어. 당신을
정말 사랑해.

어떤 다른 결정도 가능하지 않다는 확신과 진정한
사랑의 선언 양쪽 모두에 주목해보라. 알렉스 C의 바람
은 아내가 자신의 죽음으로 보험금을 받는 것이었다.
비의도적 점강법*을 사용하면서 유서는 다음과 같은 말
로 끝맺는다. "내 시신은 집 북쪽 방향 부지에서 찾을
수 있을 거야." 2008년 금융위기 이래 그런 자살은 너
무 흔했다. 조사에 따르면 실업과 자살 사이에는 강한
연관관계가 있으며, 여러 연구는 1990년대 이후 실업
자들 사이에서 자살률이 상당히 증가했다는 점을 보여
준다. 미국의 자살률 급증과 관련해 2013년 5월 2일
《뉴욕 타임스》에 실린 이야기에 응하며 뉴저지의 젠 D

---

* 강한 표현에서 점차 약한 표현으로 떨어뜨려 강조 효과를 얻는 표현방식.

는 다음과 같이 적었다.

경제적 절망. 내 형은 지난 7월 자살했다. 이제 막
60세가 된 참이었다. 형은 2008년 경기침체
시기에 IT 일자리를 잃었다. 수백 개의 이력서를
보냈고 평생 IT업계에서 경력을 쌓았지만, 면접
기회는 거의 없었고 일자리 제안은 아예 없었다.
형은 퇴직연금을 다 써버렸고 죽었을 때 남은
것은 낡아빠진 자동차 한 대뿐이었다. 나중에
형이 신용카드 빚을 많이 진 채 근근이 먹고살려
했다는 사실을 알게 되었다. 4년간 일자리를 얻지
못해 실업수당은 다 떨어지고 건강보험도 없는
상태에서 자존감은 다 망가져버렸다. 다시
일하리라는 희망도 잃었다. 형이 자살하지 않기를
얼마나 바랐는지 모른다. 형을 되찾기 위해서라면
뭐든, 무엇이든 줄 텐데. 나는 형이 경기침체의
피해자라고 여긴다. 그리고 뱅크스터들이 많은
보너스를 받는다는 기사를 읽고 나서 내 몸은
분노로 떨렸다. 내 형 같은 사람들이 모든 희망을
잃어버리고 나 같은 사람들이 사랑하는 사람을

잃어버리는 동안 그들은 계속 이익을 얻었다.

이런 증언은 덧붙일 말이 없다.

¶ **희생에 대한 환상** 수치, 자부심 또는 단순한 사업적 판단 같은 외면적인 동기 뒤에는, 스스로 목숨을 끊는 행위를 필요로 하는 부당함을 비난하며, 자살을 정당한 행동으로 보는 더 깊은 인식이 있다. 이미 인용한 자살 유서의 많은 예들은 더 이상의 굴욕으로 고통받으니, 자살 외에 다른 대안은 있을 수 없다는 생각으로 수렴된다. 일단 결정을 내리면 돌이킬 수 없는 것 같다.

극단적인 경우, 그런 정당한 행동으로서의 자살은 파괴적인 영향을 미칠 정도로 희생에 대한 환상과 합쳐진다. 가장 악명 높은 사례는 1978년 11월 18일에 가이아나에서 일어난 짐 존스Jim Jones와 인민사원의 집단 자살로, 918명이 죽었는데 그중 276명은 아이들이었다. 아이들에게는 청산가리를 넣은 포도맛 쿨에이드를 마시게 했고 이후 부모들도 같은 것을 마셨다. 수백 명의 사람들이 죽어가는 동안 짐 존스는 기이한 오르간 반주에 맞추어 긴 설교를 했다. 그의 박해 환상은 정부의 진상 조사 임무차 그들의 공동체를 시찰하려 했던 하원의원 레오 라이언Leo Ryan을 살해한 것에 대한 보복으로 미국 정부가 그와 추종자들을 죽이리라는 것이었다. 존스는 열변을 토했다.

> 평화롭게 살 수 없다면 평화롭게 죽읍시다. (…)
> 우리는 자살을 하는 게 아닙니다. 혁명적인
> 행동이지요. (…) 이것은 혁명적인 자살
> 위원회입니다. 나는 자기 자신의 자멸을 말하는
> 게 아닙니다. 우리에게 다른 길이 없다는 겁니다.

아이들에게 독이 든 쿨에이드를 마시게 하고, 가만히 있으라며 "얘들아, 아프지 않을 거야"라고 말한 후 그는 설교를 끝냈다.

> 우리는 이 세상이 우리의 안식처가 아니라고
> 생각하곤 했습니다. 분명 그렇지요. (…) 목숨을
> 끊으세요. 우리는 목숨을 포기했어요. 우리는
> 지쳤어요. 우리는 자살하는 게 아니에요.

비인간적인 세상의 상황에 항의하는 혁명적
자살행위를 하는 거예요.

그동안 오르간 반주 음악은 계속 이어졌다.

존스타운 사례에서 매우 놀라운 점은 그가 대량 살해에 대한 어떤 책임도 완전히 부인한 것 그리고 다른 선택권은 없다고 확신한 것이다. 일단 결정이 이루어지면 항상 자신의 의지와는 상관없이 진행되며 다른 행동 방법은 없다. 그는 운명의 손에 자신을 내맡긴다.

박해받는다는 희생의 환상과 책임을 완전히 부인하는 행위로서, 자신 외의 모든 사람을 비난하는 자살 유서에 관해 최근의 충격적인 사례를 살펴보고자 한다. 2014년 5월 24일 샌타바버라 커뮤니티 칼리지 학생인 22세의 엘리엇 로저는 여섯 명을 죽이고 열세 명이 넘는 사람들에게 부상을 입힌 후 캘리포니아 아일라비스타에서 스스로 목숨을 끊었다. 그의 자살 유서는 두 가지 형태가 있다. 몇몇 화창한 장소에서 자신의 멋진 검정 BMW 안이나 옆에서 찍은 긴 동영상과 「나의 뒤틀린 세상」이라는 훨씬 긴 137쪽의 선언문이다. 독자들에게 자아도취적 자존감의 정수인 그 동영상을 볼 것을 권한다. 그리고 불운하게도 나는 전부 읽었지만, 선언문은 읽지 말 것을 권한다. 로저는 자신이 "응징의 날"이라고 부른 것을 다음과 같은 표현으로 규정한다. "내가 응징을 가하는 것이 세상에 대한 내 진정한 가치를 증명하는 방식이다."

로저는 자신을 뛰어나면서도 고통받는 영웅으로 묘사한다. 자신은 자유의지의 표출이 아니라 살해를 저지르고 처벌을 피하려는 필요에서 자살했다고 오해받는 영웅이다. 선언문에서 그는 자신의 인생 이야기를 괴로울 정도로 철저히 상세하게 이야기하면서 자신이 인종적 배경 때문에 경험한 어려움을 기록했다. "나는 절반은 백인이고 절반은 아시아인이다. 이 점 때문에 내가 어울리려 했던 전형적이고 완전한 백인 아이들과는 달랐다." 그는 자신이 섹스에 굶주려 있으며 "여자애들"(내 표현이 아니라 그가 쓴 표현이다)의 관심을 끌 수 없다고 말한다. 그는 자신이 다니는 대학의 금발 여성들에게 특히 반복적으로 집착했다. 2013년 7월에는 파티에 갔다가 젊은 여자가 젊은 아시아인 남자에게 말을 거는 걸 보고 싸움을 걸었다. "어떻게 못생긴 아시아인이 백인 여자애의 관심을 끌 수 있지? 나같이 멋진

유라시아인도 전혀 관심을 끌지 못하는데." 싸우다가 다리가 부러진 그는 불평을 늘어놓았다. "내가 다리가 부러진 채, 두들겨 맞고 피투성이로 비틀거리며 집에 가는데도 도와주겠다는 여자애가 한 명도 없었다. 여자애들이 나에게 끌렸다면 (…) 내 기분이 좋아지게 나와 잘 수 있는 기회도 주었을 텐데."

그는 응징의 날을 용의주도하고 치밀하게 계획하면서 동시에 (믿기 힘들게도) 소피 박사라는 정신과 의사와 상담을 하고 있었다. 소피의 철학 세계를 거부하면서 로저는 권총과 탄약을 잔뜩 사들였고 계모와 남동생을 죽이는 공상을 하며 결전의 날을 계속 미루었다. 선언문의 마지막 구절은 자신을 정당한 행위자로 반복해 묘사하며, 살인행각은 잘못을 바로잡는 것이라고 주장했다. "나는 이 모든 일에서 진정한 희생자다. 나는 좋은 사람이다. 사람들이 내게 그토록 많은 고통을 주면서 나를 먼저 공격했다. 나는 이런 것을 바라지 않았다. 나는 이런 걸 원하지 않았다."

엘리엇 로저는 극단적인 예이긴 하지만 동영상이든 선언문이든 간에 매우 정교한 유서에 어떤 도덕적 책임감도 완전히 부재할 수 있다는 점을 보여준다. "나는 희생자다.""이것은 모든 사람의 잘못이다.""당신 잘못이다.""이것은 당신이 내게 한 짓에 대한 응징일 뿐이다."자살은 부모, 공동체, 사회 전체가 저지른 잘못에 대한 처벌로서의 살인과 매끄럽게 합쳐진다. 로저는 우주 전체가 그에게 적대적이고, 이 점이 그의 행동의 정당함을 완전히 입증해준다고 느꼈다. 선언문 전체에서 보이는 확고하고도 위축되지 않는 특권의식은 놀라울 정도다.

물론 누군가는 2012년 12월 14일 코네티컷주 뉴타운에서 일어난 샌디훅 초등학교 총기난사 사건을 생각할 것이다. 애덤 란자Adam Lanza는 모친인 낸시 란자 Nancy Lanza의 머리에 네 발을 쏘아 첫 총살을 시작한 후 어머니의 라이플총으로 학교에 침입해 아이들 스무 명과 어른 여섯 명을 죽이고 자살했다. 아이들은 모두 예닐곱 살이었다. 2013년 11월 25일에 공개된 코네티컷주 보고서는 란자의 행동 동기에 대해 (1999년 콜럼바인 고등학교 사건 같은 총기 난사 사건에 집착하고 〈콜 오브 듀티〉Call of Duty와 〈그랜드 테프트 오토〉Grand Theft Auto 같이 폭력적이지만 쉽게 구할 수 있는 여러 비디오게임을 한 것을 제외하고는) 어떤 명확한 증거도 보여주지 못했지만, 나는 살인-자살 현상에 대해 열린 질문을 던진다. 최근 몇 년 동안 자살충동이 점차 광란의 살인으로 변해버리는, 새롭고 극단적인 살인으로서의 자살 형태가 생겨나기 시작한 것일까?

시간만이 말해줄 거라고 짐작할 뿐이다. 한편 로저와 란자 사건 같은 경우는 계속 급증하고 있다. 가장 우울한 것은 미국의 총기 규제법에 단순한 변화만 주더라도 그런 사건은 덜 일어날 수 있고, 덜 잔인할 것이며, 실행하기 상당히 어려워질 거라는 점이다. 애석하게도 전미 총기 협회의 강력한 로비와 막대한 자금원 때문에 미국 의회는 그런 지혜를 가질 능력이 없는 것 같다. 살인으로서의 자살이 증가하면서 역으로 옛날식의 선한 자기살인으로 돌아가라고 호소하고 싶어진다. '물론 군이 원한다면 당신 목숨은 버려. 하지만 다른 사람은 죽이지 마.'

¶ **자살 유서 쓰기 수업** 자살 유서는 감추는 것 없이 솔직하고 정직할 수도 있다. 이스트먼 코닥의 설립자 조지 이스트먼George Eastman은 죽기 전 마지막 2년간 척추

장애로 극심한 통증을 겪었다. 1932년 3월 14일, 그는 짧은 유서를 남긴 채 심장에 총을 쏴 자살했다. "친구들. 내 일은 다 끝났네. 뭐 하러 기다리겠나?"

2005년 권총 자살을 하기 나흘 전, 유명한 작가이자 곤조 저널리스트* 헌터 S. 톰슨Hunter S. Thompson은 다음과 같이 적었다.

축구 시즌은 끝났다. 더 이상 경기가 없다. 폭탄도 없다. 걸을 일도 없다. 재미도 없다. 수영도 하지 않는다. 67세. 50세에서 17년이 지났다. 내가 필요했던 것보다, 원했던 것보다 17년 더 많다. 지루하다. 나는 늘 성질 고약한 놈이었다. 이제 누구에게도 재미가 느껴지지 않는다. 67세, 욕심이 많아진다. 나이에 맞게 행동해. 편히 쉬어. 나쁘지 않을 거야.

톰슨과 이스트먼의 유서에는 보복, 응징, 특권의

* gonzo journalist, 취재 대상에 대한 주관적 개입을 강조하는 저널리즘을 곤조 저널리즘이라 하며 톰슨은 이의 창시자이다.

식, 자기정당화가 없고 자기연민조차 많이 없다. 그들의 냉철한 통찰력과 솔직함은 진지하게 생각하도록 하고 조용한 탄복을 불러일으킨다.

　이런 사례를 통해 내 자살 유서 창작 글쓰기로 다시 돌아가게 된다. 아직 거기서 가장 흥미로운 부분은 말하지 않았다. 나는 짧게 이야기를 끝내고 흰색의 작은 색인카드를 나누어주면서 참석한 사람들에게 자신의 자살 유서를 써보라고 했다. 사람들은 진지하게 유서를 쓰기 시작했고 15분간 적막이 내려앉았다. 참여자들이 자신들의 말에 대해 곰곰이 생각할 때 밖에는 비가 내리고 있었고 이따금씩 빗방울이 그들에게 떨어졌다. 참여자들이 원한다면, 우리는 모두 자신의 유서를 낭독하기로 했다. 수업에서 정말 놀라운 순간이었다. 정말 가슴 뭉클했다.

　몇몇 사람들은 우스갯소리를 했다. 한 젊은 여성은 다음과 같이 적었다. "미안해, 특히 내 강아지. 사랑을 전하며, 로렌. 추신. 나를 로스앤젤레스에 묻지 말아요." 얼굴이 상기된 채 부드러운 영국식 억양으로 말하는 다른 여성은 아이들에게 다음과 같은 유서를 썼다. "너희가 내가 숨겨둔 것들을 불가피하게 발견하게 되더라도 현실도, 너희에 대한 내 큰 사랑도 폄하하지 마." 많은 유서에서 사랑이 강조되었다. 내 친구 나쟈 아기로풀루Nadja Agyropoulou는 이렇게 썼다. "나는 사랑으로 가득해 참을 일이 여전히 너무나 많아. 내 길을 찾지 못하겠어. 세상은 전부 잘못됐어. 나는 최악을 견뎌냈지만 지고 말았어." 정신분석학자로서 양가성의 전문가이기도 한 내 아내는 그에 못지않게 다음과 같은 글을 내게 남겼다.

사이먼,
힘내break a leg, 아니 두 다리 다 부러뜨려버려. 나는 브레이크를 빨리 밟는 게 낫겠어.
사랑과 증오를 담아,
(우리를 절벽으로 떨어뜨리려 하고 있는) 재미슨.

기이하게도 이 얘기를 듣고 나서 몇 주 후 나는 다리가 부러지지는 않았지만 상완골 근위부 네 곳이 골절되었다.

이 수업에 대한 이야기는 며칠 후 《뉴욕 타임스》에 실렸고 ABC 뉴스에서도 별도로 다루어졌다. 양쪽 모두

책임감 있고 신중한 조사를 기반으로 했지만, 온라인에서는 예상대로 격분이 쏟아지면서 사랑하는 사람의 자살로 고통받는 사람들을 내가 존중하지 않았다고 주장하는 반응이 이어졌다. 나는 그저, 비 오는 토요일 오후에 만났던 작은 모임의 태도나 그곳의 분위기는 그렇지 않았다고 말할 수 있을 뿐이다. 다른 사람들은 그 프로젝트가 어리석고 자기중심적이긴 하지만 전적으로 있을 수 있는 일이라고 주장했다. 누군가는 "철학 교수 때문에 **학생들이 멍청이**가 됐네"라고 썼는데 그건 차라리 마음에 들었다. 그러나 내 경력에서 가장 자랑스러운 순간은 영국 타블로이드 신문, 특히《데일리 메일》에서 그 이야기를 발췌해서 끔찍하게 엉망으로 만들어놓은 것이었다. 이때쯤에는 내가 뉴스쿨에서 한 학기 동안 자살 유서에 대해 강의를 했고 학생들은 수업료를 냈다는 추정(물론 그런 일은 없었다)이 등장했다. 누군가는 "Mary-3"라는 해시태그를 단 채 "정말 역겨운 인간이야"라고 외쳤고 나는 평생 기다려온 응답을 받았다. "이 사람은 잘라버려야 해."

이 수업에 대한 가장 강렬한 반응은 이제 무신론자가 된 전前 불교 승려 테리 파크Terry Parke로부터 온 이메

일이었다. 그는 공인 사회복지사로 일하며, 자살을 시도했지만 실패한 사람들, 준*자살행위자들을 상대하고 있다고 했다. 그는 수년 전에 쓰인 오래된 자살 유서를 보냈다. 내용은 단순했다. **"어둠. 빛. 어둠."**

    그러고 보니 말하지 못한 게 있다. 수업에서 사람들이 자살 유서를 쓰고 있던 15분 동안 나는 거듭 애써 보았지만 아무 말도 쓰지 못했다. 나는 그저 아무것도 쓸 수 없었다. 이유는 모르겠다.

IV.
자살자들

¶ **죽음이 하는 일** 죽음은 대개 그 자체가 목적이 아니라 다른 이유로 선택된다. 자살 유서에서 분명하게 드러나듯이 사람들은 때때로 암이나 알츠하이머 같은 질병으로 인한 견딜 수 없는 고통 또는 우울증에 의한 터널 시야, 즉 모든 길이 불가피하게 막다른 골목에 이르는 것, 심한 우울증이 초래한 참을 수 없는 정신적 고통을 피하기 위해 죽음을 선택한다. 그러나 우리가 보았듯이 자살은 다른 이유에서 선택될 수도 있다. 예를 들어 수많은 자살폭탄 테러, 분신 또는 아사餓死와 같이 자신보다 더 위대하다고 믿는 대의를 위해 죽음을 선택할 수 있다. 1981년 북아일랜드 메이즈 감옥에서 수모를 겪으며 보비 샌즈Bobby Sands 같은 단식투쟁자들이 행한 죽음을 생각해보라. 아니면 독일 점령기에 프랑스 국민들이 받은 배급량 이상으로 음식 먹는 것을 거부했던 시몬 베유Simone Weil를 생각해보라. 그는 1943년 영국 애슈퍼드의 한 병원에서 절식하다가 죽었다. 대의를 위해, 다른 사람을 위해, 전우, 조국, 정당, 저항운동 또는 신을 위해 죽음을 선택할 수 있다. 우리는 자살을 보복의 수단으로, 개인적이거나 집단적인 배신 경험에 대한 중대한 대갚음의 수단으로 선택할 수 있다는 것도 보았

다. 보복으로서의 자살은 박해와 희생에 대한 폭력적인 환상을 부채질해 대량 살해 같은 기괴한 자살행위를 초래할 수 있다.

그런데 자살이 그 자체를 위해, 그저 죽고 싶어서 선택된 것이라면 어떤가? 마지막으로 이어지는 생각에서는 이 질문을 고려해보려 하는데 그것은 여러모로 훨씬 더 두렵다. 정신적이거나 신체적인 이유 같은 어떤 명백한 이유 때문에 죽음을 선택한다면, 자살충동을 느끼는 사람에게 공감하고 특정한 고충을 이해하려 하면서 조용히 숨죽여 중얼거릴 수 있다. '신의 은총이 없었다면 나도 그렇게 되었을 거야.' 하지만 분명한 대의가 없다면 어떻게 되는가? 그때는 어떻게 생각할 것인가? 그런 상황에서는 무엇이 우리의 목숨을 끊는 것을 막을 것인가? 이것은 우리 같은 사람, 예를 들면 매우 평범하게 신경이 예민하지만 치명적인 질병이나 임상적 우울증을 앓고 있지 않은 사람이, 바로 여기, 바로 지금 자신의 삶을 끝내겠다는 선택을 할 수 있다는 것을 의미하므로 더 불편한 문제이다. 우리는 권리 또는 의무의 개념에 기반해 자살에 찬성하거나 반대하는 모든 주장에는 명백한 철학적 결함이 있음을 보았다. 그렇다면 무엇이 우리가 자살하는 것을 막고 있는가? 우리는 왜 사는가?

프랑스 작가이자 예술가 에두아르 르베는 『자살』이라는 짧은 책에서 12월 25일에 태어나(일종의 그리스도 같은 인물이지만 이것은 너무 명백하게도 주의를 돌리기 위한 것이다) 이름이 밝혀지지 않은 25세 남자에 대해 이야기한다. 이야기는 2인칭 단수로 서술되어 있다. "너는 말수가 없어서 잘못하는 일이 드물었다." 이런 서술은 비개인적이면서도 친밀하고, 냉담할 정도로 거리가 있으면서도 매우 개인적인 효과를 갖는다. 25세 남자는 아내와 테니스를 치러 가기 위해 옷을 입고 집을 나섰다가 잊어버린 것이 있다며 돌아가 지하실에서 엽총으로 머리를 쏴 자살했다. 자살 직전에 그 젊은 남자는 만화책 특정 페이지를 펼쳐놓았다. 이것이 그의 자살 유서였는데, 그 행위를 이해하기도 전에 아내가 우연히 책을 덮어버리는 바람에 못 보고 지나치고 말았다. 그리고 르베는 2007년 10월 15일, 출판사에 원고를 넘기고 열흘 후에 자살했다. 그것이 전부다.

이 사실을 알고서 우리는 의미를 찾기 시작한다. 그 책이 자살 유서일까? 그럴 가능성이 크다. 책을 번

역한 잰 스테인Jan Steyn은 르베의 산문은 적나라하고 꾸
밈이 없다고 적절히 서술한다. 그러나 그렇다고 해서
그 책이 사랑의 편지라는 사실을 감출 수는 없다. 그것
은 누구에게 보내진 것인가? 이름 없는 25세 남자인
가? 아니면 그것은 저자에서 저자로, 나이 든 저자가 젊
은 저자 자신에게 보낸 사랑의 편지인가? 일종의 나르
시시즘적 루프인가? 어쩌면 그럴지도 모른다. 그러나
우리는 그저 알 수 없으며 르베의 사랑-증오 이야기를
읽으면서 이런 무지 상태를 받아들여야만 한다. 책의
끝 무렵에 이르러 르베는 말한다. "자살하는 데 타당한
이유가 있을까? 너보다 더 오래 산 사람들이 이런 질문
들을 했지만 그들은 답을 찾지 못했을 것이다."

　르베는 우리에게 대답을 해주지 않지만 자살에 대
해 이례적으로 예리한 의견을 전부 2인칭으로 기술하
면서 제시한다.

　살아 있는 것만이 일관성이 없는 것처럼 보인다.
죽음은 삶을 구성하는 일련의 사건들을 끝내버린다. 그
래서 우리는 체념하고 삶의 의미를 찾는다. 삶을 거부
하는 것은 삶이, 삶 자체가 부조리하다는 것을 받아들
이게 되는 것이다. 당신의 삶은 아직 일관성에 도달하

3

지 못했다. 당신의 죽음은 이 일관성을 부여해준다.

이런 생각을 "죽기 전에는 행복하다고 말하지 말라"는 소포클레스식의 말로 이해할 수 있다. 다시 말해 삶의 행복이나 축복을 유일하게 보장하는 것은 죽음 이후 그 삶에 대해 전해지는 이야기 속에 존재한다. 끝에 이르기 전엔 무엇이든 일어날 수 있고 엉망이 될 수 있다. 고대 그리스인들이 '영광'이라고 부른 것은 죽음 이후 숭고하거나 수치스러운 행동에 대해 전해지는 이야기에 존재했다. 좋든 싫든 간에 삶은 부분적인 일관성만 있으며, 행운의 영향 때문이든 과거의 힘 때문이든 존재의 원자는 언제든 해체될 수 있다. 우리는 위험에도 불구하고 이 사실을 잊는다.

자살은 삶에 어떤 종류의 일관성을 부여하는가? 르베는 강조한다. "네 자살은 네가 말했던 가장 중요한 것이었다." 하지만 자살은 자살자의 일대기를 기이하게 전도시키며, 모든 행동은 그 사람의 마지막 순간이라는 렌즈를 통해 거꾸로 읽혀진다.

널 알았던 사람들은 네 각각의 행동을 네
마지막에 비추어 다시 해석한다. 이 마지막

태도가 네 일대기를 전도시켜버리는 게 이상하지
않은가? (…) 다른 사람들의 눈에는 네 마지막
순간이 네 삶을 바꾸어버리는 것이다.

이것은 의심할 여지 없이 사실이다. 우리는 파울
첼란이나 커트 코베인의 삶을 그들의 마지막 순간이라
는 렌즈를 통해 볼 수밖에 없다. 이에 대해 그다지 영웅
적이지 않은 방식으로 생각해보라. 내가 당장 호텔 방
을 나가 소용돌이치는 파도 속으로 걸어 들어가겠다고
결심한다면, 나의 전 생애는 그 순간을 통해 이해될 것
이다. 내 삶을 그렇게 이해할 수 있을까? 그렇지 않다.
그러나 내 삶을 그 마지막 행동으로 이해하려 하는 것
을 피할 수 있을까? 그렇지 않다. 그것은 여러분의 경
우에도 마찬가지일 것이다. 자살은 삶에 일관성을 부여
할 수 있을지도 모르지만 한 사람의 죽음의 순간을 통
해 삶을 봄으로써, 삶에서 복잡성을 박탈해버림으로써
그렇게 할 뿐이다.

자살은 과거를 슬프게 하고 미래를 파괴해버린다.
모든 것은 치명적인 순간의 렌즈를 통해 우울하게 보여
진다. 르베나 25세 주인공과 관련해 자살 동기를 가장

가깝게 암시하는 것은 마지막 구절에 있다. "네 자살의 이기심은 너를 불편하게 했다. 하지만 결국 죽음으로 인한 소강상태는 네 삶의 고통스러운 동요를 이겼다." 르베는 내향적이고 조용하며 혼자 있는 것을 즐겨 자신의 방에서 음악을 듣고 책을 읽는 것을 좋아한 젊은 남자를 묘사한다. 25세 남자는 온화하고 매력적이고 다정하며 비폭력적인 사람으로도 서술된다. "너는 다른 사람들에게 가하지 않았던 폭력을 네 자신에게로 향했다. 너는 다른 사람들에게는 네 모든 참을성과 포용력을 남겨두었다." 그렇다면 그는 왜 자살했는가? 답은 알 수 없다.

¶ **부조리한 창조** 르베는 말한다. "죽은 너는 살아 있는 것처럼 생생하다." 그리고 "죽은 너는 내가 더 살아 있는 것처럼 느끼게 한다." 그는 형식주의적 절제로 형성된 비애감을 담아 계속해 말한다. "너의 소멸을 받아들일 수 없어 광기가 생겨난다. 네 불멸을 믿는 광기가." 그리고 여기에 르베 작품의 확연하고도 명백한 역설이 있다. 이 책은 자신의 목숨을 끝내기로 결심한 사람에

대해, 그 또한 자신의 목숨을 끝낸 사람이 쓴 이야기이다. 그러나 삶은 끝없이 예술로 재생된다. 스스로 목숨을 끊기로 결심하면서 25세 주인공과 르베 모두 영원히 살게 된다. 죽으면서 그들은 햄릿처럼, 모나리자처럼, 램지 부인처럼 영원히 살게 된다. 예술은 길고, 인생은 짧다.

이것이 물론 카뮈가 말한 부조리한 창조 개념의 진리인데, 르베는 이 개념을 명백하게 거부한다. 카뮈에 따르면 우리는 부조리한 세계에 살고 있다. 이곳은 희망도 없고 신도 없는데도 여전히 죄가 압도적으로 존재한다. 카뮈가 볼 때 이것은 급진적 자유의 결과이며, 안도도 기쁨도 아니고 차라리 비통하게 인정된 사실이다. 자유는 달아날 수 있지만 결코 벗어날 수 없는 운명이다. 『시지프 신화』에서 가장 중요한 주장은, 자살은 부조리에 대한 정당한 대응이 아니라는 것이다. 필요한 것은 부조리에 맞선 예술창작이다. 니체가 말했듯이 우리는 진리로 인해 죽지 않기 위해 예술이 필요하다.

부조리한 창조는 다음과 같은 생각에 좌우된다. **"구원을 호소하지 않은 채 살아간다는 것은, 구원을 호소하지 않은 채 일하고 창조할 수 있는 것이다."** 급진적인 자유가 주어진 상황에서, 부조리한 인간은 신, 왕, 국가 또는 출생 환경에 호소하지 않은 채 삶의 신비라고 알려진 것을 풀거나 삶에 초월적인 의미를 부여하려 하지 않고, 이 세상에서 일어나는 것을 경험하고 묘사하려고 한다. "모든 것은 통찰력 있는 무심함에서 시작한다"고 카뮈는 말한다. 무심함에 대한 암시는 카뮈의 『이방인』The Outsider과 공명한다. 『이방인』의 반영웅 뫼르소는 아무 생각 없이 어떤 '아랍인'을 인종차별적으로 살해한 후 참수형에 처해질 가능성에 직면해서 마지막으로 이렇게 말한다. "나는 처음으로 세상의 다정한 무심함에 나 자신을 열었다." 그리고 이어서 말한다. "나는 내가 행복했었고 여전히 행복하다는 것을 깨달았다."

여기서 핵심은 "다정한"과 "무심함"이라는 단어의 조합이다. 카뮈에게 무심함은 냉소가 아니다. 일정한 거리를 유지하면서도 세상의 아름다움과 야만성 모두에 열린 채로, 다정함과 이해를 품고 세상에 다가가 세상을 경험하는 것으로 이어진다. 좋든 싫든 간에 르베는 자살의 경험을 예술로 변형시킴으로써, 죽음보다 훨씬 더 오래 지속되는 부조리한 창조 행위에 참여했다.

비뚤어진 생각으로 보일지도 모르지만 그것은 자살 유서에도 마찬가지로 적용될 수 있을지도 모른다. 삶을 끝내겠다는 결정을 나타내고 설명하면서 자살 유서는 죽음보다 영원히 오래 지속된다.

카뮈의 주장이 자살의 비정당성을 규명하는 데 충분한지 그리고 부조리한 창조 개념이 자기살인의 금지를 정당화할 수 없는지는 내게 전혀 명확하지 않다. 사실 나는 항상 카뮈에게서 부조리의 전제인 희망의 거부 그리고 부조리한 창조 개념을 특징짓고 그것에 영향을 미치는 희망 사이에서 긴장을 느꼈다. 그는 처음에 과감히 제거해버린 것을 우리에게 새로운 형태로 돌려준다. 자살이 부조리에 대한 정당한 대응이 아니라면, 부조리한 창조는 그가 처음 제기한 질문, '삶은 살 만한 가치가 있는가'에 대해 결정적인 답이 될 수 없다.

장 아메리(오스트리아인 한스 마이어Hanns Mayer의 필명)는 카뮈의 부조리한 세계라는 전제를 받아들이지만 부조리한 창조가 자살을 불합리하게 만든다는 결론은 거부한다. 삶의 부정으로서 자발적 죽음은 '무분별'할 수 있지만 아메리는 자살하겠다는 **결정**은 무분별하지 않다고 말한다. "죽음의 반反논리에 영합하지 않고 죽음을 목표로 하는 것은 (…) [그 결정은] 자유롭게 이루어진 것일 뿐만 아니라 우리에게 진정한 자유를 주는 것이기도 하다."

그는 덧붙여 말한다. "달리 말하자면, 우리는 여전히 **의지의 자유**라는 개념 뒤에 있는 물음표 앞에 서 있다. (…) [우리는] 결정론과 비결정론 너머에 있는 영역으로 우리 자신을 들여보내야 한다." 카뮈와 달리 아메리는 자유의 이름으로 스스로 목숨을 끊는 결정의 타당성을 인정하고 싶어한다. 2차 세계대전 동안 오랜 투옥 생활을 하고 독일인들로부터 잔혹한 고문을 당한 경험을 지울 수 없는 각인으로 남긴 채 감동적으로 길게 써내려간 구절에서 그는 말한다.

자살을 하려 그 문턱에 다가간 사람은 삶의
무례함에 맞서는 태도를 보여주어야 한다. 그렇지
않으면 자유에 이르는 길을 찾지 못할 것이다.
철조망에 달려들 엄두를 내지 못하는 수용소의
포로와 마찬가지이다. 저녁에 수프를, 아침에는
뜨거운 도토리 수프를, 정오에는 순무 수프를
들이켜고 싶어하는 삶을 이어갈 것이다. 하지만

삶의 요구는 여기서―여기만은
아니지만―존엄과 인간성, 자유가 없는 삶에서
벗어나라는 것이다. 그래서 죽음은 삶이 된다.
태어나는 순간 이미 삶은 죽어가는 과정이 된
것과 마찬가지로. 이제 부정은 아무 쓸모가
없다고 해도 무언가가 된다. 논리와 변증법은
희비극적인 합의에서 작동하지 않는다. 중요한
것은 주체의 선택이다.

역설적으로 들릴지도 모르지만 삶을 끝내고자 하
는 결정은 치욕과 감금의 삶, 수용소의 삶에서 벗어나
기 위한 삶의 요구이다. 따라서 아메리는 자살 결정에
대한 존중을 옹호한다. 그는 자살의 아름다움을 변론하
기까지 한다. "자발적 죽음은 인간의 특권이다.""자살
자는 **인간**이다. 그는 흙에 속한다. 하지만 흙도 여전히
그에게 속해 있다. 그것은 아름답다."

도널드 캠벨Donald Campbell이 1967년 영국 코니스턴
호수에서 모터보트 수상 속도 기록을 갱신하려 하면서,
가라앉기 전에 마지막으로 무선 통신에서 한 말은 내가
들은 말 가운데 가장 기이하게 아름답다.

나는 하이드라 플로팅hydra-floating하고 있어요, 물
위를 활주하고 있어요
나는 가고 있어요, 가고 있어요, 갔어요.

스스로 총을 쏴 자살하기 전 한 남자는 판지 위에
이렇게 써놓았다. "짧게 잘 살다가 멋지게 죽다."
자살의 아름다움에 대해 말하는 것은 윤리적으로
불쾌해 보일지도 모른다. 누군가는 르베가 "너의 자살
은 불미스러운 아름다움이었다"라고 쓴 것도 마찬가지
로 생각할 것이다. 그러나 그런 생각이 우둔하고 자족
하는 도덕적 세계관과 충돌한다는 이유만으로 거북하
게 여겨서는 안 된다. 우리는 아메리가 고문을 당하면
서 겪은 일과 그 이후에 생긴 트라우마에 대해 전혀 알
지 못하므로 고상한 척하며 판단을 내리는 것은 삼가야
한다. 그러나 자살, 그 행동, 그 도약에는 공포뿐만 아
니라 이상할 정도로 강박적인 아름다움이 있는 것 같
다. 때로는 마치 죽은 자에게, 그들의 부동, 휴식, 결국
정지된 인물에 아름다움이 있는 것처럼. 인정하기 어려
운 일이지만, 나는 거의 스무 해 전 아버지가 돌아가시
고 나서 20분 후쯤 그의 시신을 보고 그런 감정을 느꼈

다. 아버지의 삶은 사라졌고 결국 무용하고 의미 없는 고통도 끝이 났다. 그는 기묘하게도 아름다워 보였다. 작아지고 쪼그라든 채 피부는 가무스름하고 주름이 져서 오래된 나무 조각상을 땅에서 파낸 것만 같았다.

¶ 인간만이 가진 능력 마지막으로 자살자는 인간이라는 아메리의 생각을 다시 다루고자 한다. 르베는 묻는다. "식물도 자살을 할까? 동물도 절망으로 죽을까?" 우리는 알지 못한다. 게다가 그런 질문을 식물과 동물에게 한다고 해도 우리는 그들의 대답을 이해하지 못할 것이다. 완두진디는 무당벌레로부터 위협을 받으면 자신을 터뜨릴 수 있는데 흰개미 몇 종도 마찬가지 행동을 할 수 있다. 브라질 개미 포렐리우스 푸실루스는 유사-자살행위를 한다. 매일 밤 이 개미들의 집은 봉쇄되고 몇몇 개미는 밖에서 안전하게 집을 지킨 후에 다음 날 아침 개미집이 다시 열리기 전에 죽는다. 그러나 이것은 자살이라기보다는 개미, 진디, 흰개미의 공익을 위한 자기희생이다. 어쩌면 자발적인 자기파괴를 할 수 있는 결정을 내리는 것, 자살할 능력이 우리를 하나의

종으로, 인간으로 구별 짓는 것일지도 모른다.

내가 아는 가장 절망적이고 냉소적인 유머를 잘 구사하는 작가, 루마니아 철학자이자 잠언가인 에밀 시오랑E. M. Cioran은 이런 생각을 극단으로 밀고 나갔다. 그는 『해체의 개설』A Short History of Decay에서 이렇게 말한다.

자신의 소멸을 생각해본 적이 없는 사람은, 밧줄,
총알, 독약, 바다에 의지할 생각을 해보지 않은
사람은, 갤리선의 비참한 노예나 엄청나게 큰
짐승의 썩은 시체에 기어다니는 벌레이다. 세계는
우리에게서 모든 것을 앗아갈 수 있고 우리에게
모든 것을 금지할 수 있지만 누구도 우리가
자신을 파괴하지 못하게 할 힘은 없다.

인간이 되는 것은 매순간 자살할 수 있는 능력을 갖는 것이다. 투옥, 굴욕, 실망, 질병—세계는 우리에게 이 모든 것을 강제할 수 있지만 자살의 가능성을 없애버릴 수는 없다. 우리가 이 힘을 갖고 있는 한 우리는 최소한이지만 진정한 의미에서 자유롭다. 기독교 같은 종교가 자살을 금지하는 것은 자살이 불복종의 위협을,

신, 왕, 교회, 국가의 통치권에 대한 거부를 제기하기 때문이다. "자살은 인간의 독특한 특징 중 하나이며, 그의 발견 중 하나다"라면서 시오랑은 "어떤 동물도 자살할 능력이 없으며 천사들은 그 존재를 짐작하지도 못했다"라고 썼다. 햄릿의 말을 따르자면 자살은 감옥이 되어버린 세상에서 숨 쉴 수 있게 하는 산소통과 같다. 시오랑은 삐딱하게 끝맺는다. "자살이 없으면 구원도 없다."

그는 우리에게 자살하라고 조언하는 것일까? 전혀 그렇지 않다. 자살이 구원이라는 생각은 우리가 밧줄이나 총알로 스스로를 구하려 해야 한다는 것을 의미하지 않는다. 『고통의 삼단논법』All Gall is Divided에서는 "낙관주의자만이 자살을 한다. 그 낙관주의자들은 더 이상 (…) 낙관주의자가 될 수 없는 낙관주의자이다. 살아야 할 이유가 없는 다른 사람들에게 왜 죽어야 할 이유가 있겠는가?"라고 쓴다. 여기서 시오랑이 말하는 "다른 사람들"은 염세주의자로, 그 가운데에는 자신도 포함된다. 그리고 여기에 이러한 사고방식이 지닌 뛰어난 재치가 있다. 자살에는, 죽음을 통한 구원이라는 환상에 사로잡히기에는 결정적으로 너무 낙관적이고 적극적이며 단정적인 무언가가 있다. 『태어났음의 불편함』

The Trouble with Being Born이라는 멋진 제목의 책에서 그는 적었다. "사람들이 내게 자살하고 싶다고 하면 나는 말한다. '뭐가 그리 급하죠? 자살은 언제든 원할 때 할 수 있잖아요. 진정하세요! 자살은 적극적인 행동이에요.' 그러면 그들은 진정한다."

어쩌면 우리는 진정하고 상황을 더 냉정하고 염세적으로 보아야 할지도 모른다. 죽음이 어떤 문제든 해결해주고 보상과 보복과 응징을 하고 우리를 자신으로부터, 타인으로부터, 세계의 고통스러운 혼란으로부터 구해줄 거라는 낙관주의적 망상에 굴복해서는 안 된다. 시오랑은 유쾌한 최후의 일격을 가한다. "자살에 대한 반박: 우리의 슬픔에 그토록 기꺼이 봉사한 세계를 포기하는 것은 무례하지 않은가?"

나는 '자살에 대한 무례한 반박'이라고 부를 만한 것에서 안심시키고 기운을 돋구어주는 것을 발견한다. 자살할 수 있는 능력이 적어도 부분적으로는 우리를 하나의 종으로 구별 짓는다는 점을 인정하자. 생각할 수 있는 힘과 기본적인 운동 기능을 갖고 있는 한 우리는 자유를 행사해 삶을 끝낼 수 있는 무기를 소유한다. 그러나 이것이 우리가 그 무기를 사용해야 한다는 것을 의미하지는 않는다. 전혀 그렇지 않다. 그것은 너무 낙관적인 행동이 될 것이다. 우리의 자살로 구원되는 것은 없을 것이다.

마음을 진정하고 우리 앞에 유쾌하고 넉넉하게 펼쳐져 있는 세상의 우울한 광경을 즐기는 것은 어떤가? 니체가 "엄밀하고 명백한 사실성"이라고 부른 것 앞에서 한동안 머무르는 것은? 우리 자신을 완전히 바꾸어 어떤 권리나 의무의 이름으로서가 아니라 사랑으로, 마침내 혐오스러운 내부의 고통에서 벗어나 타인을 향해 밖으로, 위로 가려 하는 것은 어떤가? 우리 각각에게는 자살할 힘이 있다. 하지만 대신, 사랑의 행동으로, 다른 사람이나 다른 사람들에게 자신을 바치는 것, 즉 가지고 있지 않은 것을 주고 내게 권한이 없는 것을 받는 것을 택하는 것은 어떤가? 우리를 괴롭히고 무력하게 하는 자기혐오에서 벗어나 자신의 다른 가능한 형태로 최소한의 전환을 시도하는 것은? 결국 이것이 더 용감한 게 아닌가? 바로 이것이 니체가 순진무구함과 약함의 낙관주의와 대비되는, 강한 염세주의라고 부른 것이다. 진정한 염세주의자는 자살하지 않는다. 그것으로 충분하지 않은가?

¶ **충분하다** 그것으로 충분하다. 이제 파도와 물, 바다와 더불어 내가 시작한 곳으로 돌아가려 한다. 잘 알려져 있듯이 버지니아 울프Virginia Woolf는 오필리아처럼 주머니에 돌을 넣은 채 1941년에 이스트서식스에 있는 집 근처 강에 투신자살했다. 네 번째 신경쇠약에 직면해 목소리가 들린다고 호소하며 다시 정신이상에 빠질 것을 두려워했던 울프는 남편에게 유서를 남겼다.

> 나는 더 이상 고통과 싸울 수 없어. 내가 당신
> 인생을 망치고 있다는 걸 알아. (…) 이제는
> 이것조차 제대로 쓸 수 없어. 읽을 수도 없어. 내
> 인생에서 누린 모든 행복은 당신 덕분이었다고
> 말하고 싶어.

이 말에는 다른 자살 유서에서 보이는 것과 동일한 양가성, 강한 자기혐오와 깊은 사랑의 표현이 나타나 있다.

그러나 나는 울프의 죽음의 상황에 대해 연연해하고 싶지 않다. 울프의 삶에 일관성을 부여하는 것은 그의 자살이 아니다. 그의 삶의 일관성은 작품에 담긴 용

기와 그가 삶에 대해 쓴 것에서 비롯된다. 이것이 훨씬
더 중요하다. 『등대로』To the Lighthouse의 매우 아름다운
구절을 인용하면서 이 글을 끝맺고자 한다.

> 언제나, 하고 램지 부인은 생각했다. 어떤 사소한
> 것 때문에, 무언가가 보이거나 들려서 어쩔 수
> 없이 고독에서 빠져나오게 된다고. 귀 기울여
> 들어보았지만 조용하기만 했다. 귀뚜라미 소리는
> 더 이상 들리지 않았고 아이들은 목욕을 하고
> 있었다. 오직 바닷소리만 들렸다. 그는 뜨개질을
> 멈추고 긴 적갈색 양말을 잠시 손에 들어 보았다.
> 다시 등대 불빛을 보았다. 약간의 아이러니를
> 품고 자문하면서, 다시 깨어나 현실로 돌아오면
> 그 관계는 달라지니까, 변함없는 불빛을, 냉혹하고
> 무자비한, 그토록 그 자신과 같으면서도 같지
> 않은, 그토록 그를 마음대로 휘두르는(밤중에
> 깨어나면 그 불빛이 바닥을 거쳐 침대 쪽으로 휘어진
> 것이 보였다) 불빛을 보았다. 그런 생각에도
> 불구하고 그는 매혹되고 홀린 채 불빛을
> 바라보면서, 마치 그것이 은빛 손가락으로 그의

머릿속에 밀봉된 무언가를 어루만져, 무언가가
터져서 기쁨으로 넘친 듯이, 행복, 아름다운 행복,
강렬한 행복을 경험했다고 생각했다. 햇빛이
사라지면서 불빛은 거친 파도를 더 밝게 은빛으로
반짝이게 했고, 바다에서 푸른빛이 빠져나가면서
순수한 레몬빛 파도 속에서 일렁거렸다. 파도는
굽이치고 부풀어 해변에서 부서졌고 그의 눈
속에는 황홀감이 솟아오르면서 순수한 기쁨의
파도가 마음의 바닥에서 질주했다. 그는 느꼈다.
이것으로 충분해! 이것으로 충분해!

자살이라는 주제는 바로 다음과 같은 질문을 불러
일으킨다. 무엇 때문에 삶은 의미가 있거나 없는가? 우
리가 삶의 의미에 대한 질문에 답할 수 없다면, 삶을 떠
나는 것이 현명하거나 심지어는 필요한 것으로 보일 수
도 있다. 그것이 신이든 공허든 둘의 결합을 위해서든
무엇을 위해서든…. 존재할 이유를 찾을 수 없다면 존
재하지 않는 것이 나을지도 모른다. 그러나 그것은 큰
실수이며 치명적인 잘못이 될 것이다. 삶의 의미에 대
해 질문하는 것은 오류로서 그 질문은 그만두어야 한

다. 위대한 계시는 결코 오지 않을 것이다. 먹구름은 구원의 약속과 함께 사라지지 않을 것이고, 우리의 마음은 의심, 자기기만, 자기연민, 죄의식의 시궁창에 곤두박질치는 걸 멈추지 않을 것이다. 대신에 울프의 글을 다시 생각해보면 일상의 작은 기적, 어둠 속에서 켜진 성냥불, 부서지는 파도가 있으며, 램지 부인의 말대로 "삶은 여기 정지해 있다."

삶은 여기 정지해 있고 우리가 끝없이 변화하는 무심한 회갈색 바다를 마주할 때, 속박, 자기연민, 불평 또는 보상, 빛나는 상$_{prize}$에 대한 기대 없이 그 무심함에 우리 자신을 부드럽게 열어둘 때, 그 순간만이라도 우리는 지속해온 것 그리고 지속할 것이 될 것이다. 바로 지금, 바로 여기에서 일종의 충분함을 찾을 수 있는 사람이 될 것이다.

11월 말 목요일 오후 4시 30분 무렵, 회색 구름과 갈매기, 돌풍이 있는 가운데 광활한 어둠이 내려오는 이스트앵글리아 해변의 이 순간은 백만 번 중 한 번, 수억 번 중 한 번 일어난다. 여기에 기쁨이 있다. 여기서 스스로 고독에서 빠져나와, '쐐기 모양을 한 어둠의 핵심'*인 자아에서 벗어나 다른 것에 손을 뻗을 수 있다.

사랑 안에서….
　　우리의 눈 속에서 황홀감이 솟아오른다. 이것으로
충분하다.

2014년 말의 어느 날
영국 올드버러에서

＊　"모든 존재와 행위가, 팽창하고 번쩍이고 소리 내는 것들이 사라지고 줄
어들어 거의 엄숙한 가운데 자기 자신이 되는 것, 쐐기 모양을 한 어둠의 핵심,
다른 사람들에게는 보이지 않는 무엇인가가 되는 것"(버지니아 울프 지음, 최
애리 옮김, 『등대로』, 열린책들, 2013, 86쪽)을 참조한 표현이다.

부록.

자살에 대하여

−데이비드 흄

1. 철학의 중요한 장점은 미신과 거짓 종교에 탁월한 해독제를 제공할 수 있다는 것이다. 그 해로운 병에 대한 다른 치료책은 모두 소용이 없거나 적어도 확실하지 않다. 단순한 양식과 세상에서의 실천은 대부분의 삶의 목적에 기여하지만, 여기서 효과가 없는 것으로 드러난다. 일상의 경험뿐만 아니라 역사도, 사업에 뛰어난 능력을 갖고 있으면서 평생 저속한 미신의 노예로 굽실거리며 사는 사람들의 사례를 보여준다. 다른 상처를 진정시켜주는 유쾌하고 다정한 기질조차 그런 치명적인 독은 치료해주지 못한다. 자연의 이 풍요로운 선물을 일반적으로 갖고 있는 여성들이 성가신 훼방꾼 때문에 자신들의 기쁨이 빼앗겼다고 느끼는 것을 관찰할 수 있다. 그러나 일단 건전한 철학이 인간의 정신을 사로잡으면 미신은 효과적으로 배제된다. 그리고 이 적에 대한 철학의 승리는 인간 본성이 흔히 갖고 있는 대부분의 악덕과 결함에 대한 승리보다 더 완전하다고 주장해도 무방할 것이다. 사랑이나 분노, 야망이나 탐욕은 건전한 이성으로도 완전히 교정할 수 없는 기질과 감정에 뿌리를 두고 있다. 그러나 거짓 의견에 기반을 둔 미신은 참된 철학이 우월한 힘을 지닌 더 올바른 생각을 불

어넣으면 바로 사라질 것이다. 여기서 싸움은 병과 의학 사이의 싸움과 비슷하며, 의학이 기만적이고 궤변적이지 않다면 효과적이라는 점을 입증하는 것을 막을 수는 없다.

2. 여기서 악덕의 유해한 경향을 드러냄으로써 인간 정신을 악덕으로부터 치유해주는 철학의 가치를 확대할 필요는 없을 것이다. 키케로Tully[1]에 따르면, 미신적인 사람은 삶의 모든 상황에서, 모든 사건에서 비참하다. 심지어는 불행한 인간이 다른 근심을 떨쳐버릴 수 있는 수면조차 그에게는 새로운 공포를 준다. 그는 꿈을 검토하면서 밤의 환영 속에서 미래의 재앙에 대한 전조를 찾는다. 덧붙이자면, 죽음만이 그의 비참함을 끝낼 수 있겠지만, 그는 자비로운 존재가 부여한 그 힘으로 신을 불쾌하게 할까 봐 헛된 두려움에서 이 도피처로 달아나지 못한 채 비참한 존재를 연장한다. 우리는 신과 자연의 선물을 이 잔인한 적에게 강탈당한다. 그리고 우리가 한 걸음만 내디디면 고통과 슬픔의 영역으로부

---

1   키케로, 『점술에 관하여』(De Divin). lib. ii.

터 벗어날 수 있는데도 불구하고 그 위협은 여전히 우리를 증오받는 존재에 매어놓고 비참하게 하는 원인이 된다.

3. 삶의 재앙으로 인해 이 치명적인 해결책을 사용할 필요성에 처한 이들은, 친구들의 시의부적절한 관심 때문에 죽음이라는 선택을 빼앗기면 좀처럼 다른 것을 시도해보거나 목적을 실행하기 위해 죽음을 다시 결심하지도 못한다는 점을 볼 수 있다. 죽음에 대한 공포는 너무나 커서 그것이 어떤 형태로 드러나든, 죽음에 대한 자신의 상상력을 받아들이려 노력한 것을 떠나, 새로운 두려움을 일으키고 미약한 용기를 압도한다. 그런데 미신의 위협이 이 자연적인 소심함에 결합되면 사람들이 자신의 삶을 지배하는 모든 힘을 완전히 박탈해버리는 것도 이상하지 않다. 우리가 강하게 끌리는 수많은 쾌락과 즐거움조차 이 비인간적인 폭군에 의해 떨어져나가기 때문이다. 자살에 반대하는 일반적인 주장을 모두 검토하고 모든 고대 철학자들의 의견에 따르면 자살은 죄책감이나 비난에 대한 온갖 오명의 소지가 없다는 점을 보여줌으로써, 인간이 타고난 자유를 회복할 수 있

도록 노력해보려 한다.

4. 자살이 범죄라면 그것은 신이나 우리의 이웃 또는 우리 자신에 대한 의무의 위반일 것이다.

5. 자살이 신에 대한 의무의 위반이 아니라는 점을 증명하기 위해서는 다음 사항을 고려해보는 것으로 충분할 것이다. 물질세계를 다스리기 위해 전능한 창조주는 가장 큰 행성에서부터 가장 작은 물질의 입자에 이르기까지 모든 물체가 각각 적합한 영역과 기능에서 유지되는 절대불변의 일반법칙을 만들었다. 동물세계를 다스리기 위해 창조주는 모든 생명체에게 신체적 힘과 감각, 정념, 욕구, 기억, 판단력 같은 정신적 힘을 부여했으며, 이 생명체들은 예정된 삶의 과정에서 그 법칙에 따라 강제되거나 규제된다. 물질세계와 동물세계의 구별되는 두 원칙은 계속 서로 침해하면서 작용을 지연시키거나 나아가게 한다. 인간과 다른 모든 동물들의 힘은 주변 물체들의 본성과 특성에 의해 제약되고 유도된다. 그리고 이 물체들의 변형과 작용은 모든 동물들의 작용에 의해 끊임없이 바뀐다. 인간은 대지 표면에서

강에 막혀 길을 통과하지 못하지만 강은 적절히 통제하면 인간의 이용을 돕는 기계를 작동하는 힘을 제공한다. 그렇다고 해서 물질적 힘과 동물의 힘의 영역이 완전히 분리되어 있는 것은 아니며, 거기에서 불화나 무질서가 생기지도 않는다. 반대로 무생물과 생물이 지닌 모든 다양한 힘의 혼합, 결합, 대조로부터 놀라운 조화와 균형이 일어나는데, 이는 최고의 지혜에 대해 가장 확실한 논거를 제공한다.

6. 신의 섭리는 어떤 작용에서든 직접적으로 나타나지 않지만 태고부터 확립된 절대불변의 일반법칙으로 모든 것을 지배한다. 어떤 의미에서, 모든 사건은 전능자의 행동이라고 단언할 수 있다. 그 모든 것은 신이 자신의 창조물에게 부여한 힘에서 발생한다. 그 자체의 무게로 인해 무너진 집은 사람들의 힘으로 파괴된 것이 아닌 것처럼 신의 섭리로 붕괴된 것도 아니다. 인간의 능력은 운동과 중력의 법칙과 마찬가지로 신의 작품이 아니다. 열정이 작용하고, 판단이 명령하고, 사지가 복종할 때, 이 모든 것은 신의 작용이다. 그리고 신은 무생물뿐만 아니라 생물에 대한 원칙에 따라 우주에 대한

지배를 확립했다.

7. 가장 멀리 떨어진 장소나 가장 먼 시기까지 한눈에 볼 수 있는 무한한 존재의 눈에는 모든 사건이 똑같이 중요하다. 우리에게 아무리 중요하더라도 어떤 사건도 우주를 지배하는 일반법칙에서 면제되거나 신 자신의 직접적인 행동과 작용을 위해 특별히 유보되지는 않는다. 국가와 제국의 혁명은 인간들 각각의 작은 변덕이나 정열에 의존하며, 인간의 생명은 공기나 음식, 햇빛이나 폭풍의 작은 우연에 의해 단축되거나 연장된다. 자연은 그럼에도 불구하고 발전과 작용을 계속한다. 신의 특별한 의지에 의해 이 일반법칙이 위반된다면 그것은 인간의 관찰을 완전히 벗어나는 방식으로 이루어질 것이다. 한편으로 창조물의 구성 요소와 다른 무생물적 부분은 인간의 특별한 이익과 상황에 관계없이 계속 작용한다. 그래서 인간은 물질이 주는 다양한 충격 속에서 그들 자신의 판단과 분별에 맡겨진 채, 편안함, 행복, 보존을 위해 그들이 부여받은 모든 능력을 사용할 것이다.

8. 그러면 삶에 지치고 고통과 불행으로 괴로워하는 사람이 죽음에 대한 모든 자연적인 두려움을 용감하게 극복하고 이 잔인한 상황에서 도피한다고 해서, 그런 사람은 신의 섭리를 침해하고 우주의 질서를 어지럽혀 창조주의 분노를 초래했다고 하는 그 원칙의 의미는 무엇인가? 전능자가 인간 생명의 처분권을 특별한 방식으로 자신에게 한정 지은 채, 그 사건은 다른 사건들과 마찬가지로 우주를 지배하는 일반법칙에 종속시키지 않았다고 주장할 것인가? 이는 명백히 거짓이다. 인간의 생명은 다른 모든 동물의 생명과 마찬가지로 동일한 법칙에 의존한다. 모두가 물질과 운동의 일반법칙으로부터 적용을 받는다. 탑의 붕괴나 독극물의 주입은 가장 하찮은 생물과 인간을 똑같이 말살할 것이다. 홍수는 그 맹렬한 물결이 미치는 모든 것을 구별 없이 휩쓸어 버린다. 인간의 생명은 영원히 물질과 운동의 일반법칙에 좌우되기 때문에, 어떤 상황에서든 인간이 자신의 생명을 처분하는 것은 이 법칙을 침해하거나 그 작용을 방해하는 것이므로 범죄가 되는 것인가? 그러나 이것은 부조리한 것 같다. 모든 동물은 세상에서 행동하는 데 자신의 분별과 기술에 의지하며 그들의 힘이 미치는

한 자연의 모든 작용을 바꾸는 데 완전한 권한을 갖는다. 이 권한을 행사하지 않으면 그들은 한순간도 생존할 수 없다. 인간의 모든 행동과 움직임은 일부 물질의 질서를 바꾸고, 운동의 일반법칙을 통상적 과정으로부터 전환한다. 따라서 이 결론들을 모두 종합하면 인간의 삶은 물질과 운동의 일반법칙에 달려 있다는 **점을**, 그리고 이 일반법칙을 방해하거나 변경하는 것은 신의 섭리에 대한 침해가 아니라는 **점을** 발견한다. 그러므로 모두가 중요하므로 자신의 생명을 자유롭게 처분할 자유가 있지 않은가? 자연이 그에게 부여한 그 힘을 정당하게 사용할 수 있지 않은가?

9. 이 결론의 명백함을 논파하기 위해서는 이 특수한 경우가 예외인 이유를 보여주어야 한다. 인간의 생명은 매우 중요해서 그것의 처분을 인간의 분별에 맡기는 것이 주제 넘는 일이라는 것인가? 하지만 우주에서 인간의 생명은 굴$_{oyster}$의 생명보다 더 중요한 것은 아니다. 그리고 인간의 생명이 그토록 중요하다면 자연의 질서는 실제로 그것을 인간의 분별에 맡겨놓고, 모든 사건에서 그것에 대해 우리가 결정하도록 할 것이다.

10. 인간 생명의 처분이 전능자의 특유한 영역으로 한정되어 인간이 그들 자신의 생명을 처분하는 것이 신의 권리를 침해하는 것이 된다면, 생명을 지키기 위해 하는 행위도 생명을 파괴하기 위해 하는 행위와 마찬가지로 범죄가 될 것이다. 내가 머리 위에 떨어지고 있는 돌을 피한다면, 나는 자연의 섭리를 방해하고 전능자가 물질과 운동의 일반법칙에 따라 정해놓은 기한 이상으로 생명을 연장함으로써 그의 특유한 영역을 침해하게 된다.

11. 머리카락, 파리, 벌레도 이토록 중요한 생명을 가진 대단한 존재를 파괴할 수 있다. 그런 하찮은 원인에 좌우되는 것을 인간의 분별이 정당하게 처분할 수 있다고 가정하는 것이 부조리한 일인가?

12. 내가 그런 목적을 이룰 능력이 있다면 나일강이나 도나우강의 방향을 바꾸는 것은 범죄가 아닐 것이다. 그렇다면 몇 온스의 피를 자연적인 경로에서 옮기는 것이 어떤 점에서 범죄가 되겠는가!

13. 만약 계속해나간다면 나를 불행하게 할 존재를 끝내고 삶을 종결하려 하기 때문에 내가 섭리에 불평하거나 내가 창조된 것을 저주한다고 생각하는가? 그런 것은 내 생각과는 거리가 멀다. 나는 인간의 삶은 불행할 수 있으며 이 경우 존재가 더 연장되는 것이 바람직하지 않다는, 당신도 인정하는 사실을 확신하고 있을 뿐이다. 하지만 나는 신의 섭리에 감사를 드린다. 내가 이미 누려온 선善에, 그리고 나를 위협하는 불행을 피할 수 있도록 부여받은 힘 모두에 감사한다.[2] 그런 힘이 자신에게 없다고 생각하고 고통과 질병, 수치와 비참함을 지고 있는 증오받는 존재를 연장해야 한다고 어리석게 생각하는 당신에게는, 그것이 섭리에 불평하는 것이다.

14. 어떤 불행이 내게 닥치면, 그것이 적의 악의에 의한 것이더라도, 나는 신의 섭리를 받아들여야 하며, 인간의 행동은 무생물의 행동과 마찬가지로 전능자의 작용이라고 당신은 가르치지 않는가? 내가 나의 칼에 쓰러

---

2   세네카, 『서간집』, 제12장. 자신의 의지에 반해 살지 않을 수 있음에 신께 감사합시다(Agamus Deo gratias, quod nemo in vita teneri potest).

지면 나는 사자나 벼랑 또는 열병으로부터 죽음이 온 것처럼 신의 손에서 죽음이 온 것으로 받아들인다.

15. 재난이 닥칠 때마다 내가 복종해야 하는 신의 섭리는 인간의 기술과 근면을 배제하지 않는다. 어쩌면 그 수단을 통해 나는 재난을 피하거나 그로부터 벗어날 수 있다. 그렇다면 왜 나는 다른 해결책뿐만 아니라 이 해결책을 사용하지 않아야 하는가?

16. 내 생명이 나 자신의 것이 아니라면, 그것을 처분하거나 위험에 빠뜨리는 일은 범죄가 될 것이다. 영광이나 우정 때문에 생명을 큰 위험에 빠뜨리는 사람은 **영웅**이라고 불릴 수 없을 것이며, 그와 동일하거나 유사한 이유로 삶을 끝내는 사람도 **비열한 사람**이나 **범법자**라고 비난받을 만하다고 할 수 없을 것이다.

17. 창조주로부터 부여받지 않은 힘이나 능력을 가진 존재는 없으며, 아무리 비정상적인 행동을 하더라도 창조주의 섭리 계획을 침해하거나 우주를 혼란시킬 수 있는 사람은 없다. 존재의 작용은 그것이 침해하는 일련

의 사건들과 마찬가지로 창조주의 작품이며, 어떤 원칙이 우세하든 간에 우리는 바로 그 이유로 그것이 창조주가 가장 선호하는 것이라고 결론을 내린다. 생물이든 무생물이든, 합리적이든 비합리적이든 모두 그렇다. 그 힘은 최상의 창조주로부터 나오고 그의 섭리의 질서 안에서 비슷하게 이해된다. 고통에 대한 두려움이 삶에 대한 사랑을 이길 때, 자발적 행동이 맹목적인 원인에 따른 결과를 기대할 때, 그것은 창조주가 그의 피조물에게 주입해놓은 힘과 원칙의 결과일 뿐이다. 신의 섭리는 아무도 침범할 수 없고 인간이 해를 입힐 수 있는 것을 훨씬 넘어선다.[3]

18. 고대 **로마**의 미신은 강의 흐름을 바꾸거나 자연의 특권을 침해하는 것은 불경하다고 말한다. 프랑스의 미신은 천연두 예방접종을 하거나 스스로 질환과 질병을 일으켜 섭리의 일을 침해하는 것은 불경하다고 말한다. 근대 **유럽** 미신은 스스로 목숨을 끝냄으로써 창조주에 대항하는 것은 불경하다고 말한다. 그렇다면 집을 짓고

---

3   타키투스, 『연대기』, 제1장.

땅을 경작하고 바다에서 항해하는 것은 왜 불경하지 않
겠느냐고 나는 말하겠다. 이런 모든 행동에서 우리는
자연의 순리에 어떤 변화를 가져오기 위해 정신과 육체
의 힘을 사용하며, 그 이상 하는 것은 없다. 따라서 그
것은 모두 동등하게 무고하거나 범죄가 된다.

19. 그러나 당신은 신의 섭리에 의해 파수꾼처럼 특정한
위치에 놓여 있으며, 그가 소환하지 않을 때 그 자리를
떠나는 것은 전능자에 대항하는 죄를 저지르고 그의 노
여움을 불러일으키는 것이다. 나는 묻는다. 왜 당신은
신의 섭리가 나를 이 위치에 놓아두었다고 단정하는
가? 나의 출생은 수많은 일련의 원인에 의한 것으로 그
중 상당수 그리고 심지어 주된 것은 인간들의 자발적인
행동에 달려 있다. **그러나 신의 섭리가 이 모든 원인을
이끌며, 그의 승인과 협력 없이는 우주에서 아무것도 일
어나지 않는다.** 그렇다면 내 죽음은 자발적이라 해도
신의 승인 없이 일어나지는 않는다. 그리고 고통과 슬
픔이 삶에 지치게 할 정도로 내 인내심을 압도해버린다
면 나는 내 자리에서 소환되었다고 확실하고 명확하게
결론 내릴 수 있을 것이다.

20. 나를 지금 이 방 안에 있게 한 것은 분명히 신의 섭리이다. 하지만 내가 적합하다고 생각할 때, 내 자리나 위치를 버렸다는 비난을 받지 않고 그것을 떠날 수 없는가? 내가 죽어도 나를 구성하는 원칙은 여전히 우주에서 역할을 수행하고 개별적인 생물을 구성했을 때와 마찬가지로 장대한 우주의 구조에서도 유용할 것이다. 우주 전체에서 볼 때, 차이는 내가 방 안에 있는 것과 밖에 있는 것의 차이보다 크지 않을 것이다. 내게는 한 변화가 다른 변화보다 더 중요하다. 그러나 우주 전체에서는 그렇지 않다.

21. 어떤 창조물이 세계 질서를 방해하거나 신의 섭리를 침해할 수 있다고 생각하는 것은 신에 대한 일종의 불경이다. 그것은 창조물이 창조주로부터 부여받지 않은, 그의 지배와 권위에 종속되지 않는 힘과 능력을 갖고 있다고 가정하는 것이다. 분명 사람은 사회를 혼란시킬 수 있으며 그렇게 함으로써 전능자에게서 노여움을 일으킬 수 있다. 그러나 세계의 지배는 인간의 능력과 폭력을 훨씬 넘어선다. 전능자가 사회를 혼란시키는 개인의 그런 행동을 못마땅해하는 것은 어떻게 보이는

가? 그것은 신이 인간의 본성에 주입한 원칙으로서, 우리가 그런 행동에 죄책감을 느끼면 회한의 감정을 심어주고, 우리가 다른 사람들에게서 그런 행동을 발견하면 비난과 반감을 갖게 하는 원칙에 의한 것이다. 이제 제안된 방법에 따라 자살이 이런 종류의 행동인지, 우리의 **이웃**과 사회에 대한 의무의 위반인지 고찰해보자.

22. 은퇴한 사람은 사회에 어떤 해도 끼치지 않는다. 그는 더 이상 선한 일을 하지 않을 뿐이다. 그것이 해가 된다고 해도 매우 약한 부류의 것일 뿐이다.

23. 우리가 사회에 선한 일을 해야 한다는 의무도 상호적인 것을 의미하는 것 같다. 나는 사회에서 혜택을 받으므로 사회의 이익을 도모해야 한다. 그러나 내가 사회에서 완전히 물러났을 때도 이 의무에 얽매여 있을 수 있을까?

24. 그러나 사회에 선을 행해야 한다는 의무가 영원하다고 하더라도 분명히 한계가 있다. 나는 자신에게 큰 해를 가하는 희생을 해가며 사회에 작은 선을 행해야

할 의무는 없다. 그렇다면 왜 나는 대중이 내게서 받을 수 있을 약간의 하찮은 이익 때문에 비참한 존재를 연장해야 하는가? 내가 나이와 병환 때문에 정당하게 사직해 이 재난을 막고 가능한 한 내 미래의 삶의 불행을 완화하는 데 시간을 사용할 수 있다면, 왜 나는 더 이상 사회에 해를 주지 않는 행동으로 이 불행을 바로 끝내지 말아야 하는가?

25. 그러나 대중의 이익을 증진시킬 힘이 내게 없다고 생각해보자. 오히려 대중의 이익에 짐이 된다고 해보자. 내 삶이 대중에 훨씬 더 도움이 되는 어떤 사람을 방해한다고 해보자. 그런 경우에 내가 삶을 포기하는 것은 아무 죄가 없을 뿐만 아니라 칭찬받을 만할 일이다. 그리고 자신의 존재를 포기하려는 유혹을 받는 대부분의 사람은 그런 상황에 처하게 된다. 건강이나 권력, 권위를 가진 사람들은 흔히 세계와 좋은 상태에 있을 더 타당한 이유를 갖는다.

26. 어떤 사람이 공공의 이익을 침해하는 공모에 연루되어 있다. 그는 그 혐의로 붙잡혀 고문을 통해 위협을

받을 것이다. 그리고 자신의 나약함 때문에 비밀을 억지로 갈취당하리라는 것을 알고 있다. 그런 사람이 비참한 삶을 재빨리 끝내는 것보다 공공의 이익을 더 잘 고려할 수 있을까? 유명하고 용감한 피렌체의 스트로치의 경우가 그랬다.

27. 한 범죄자가 수치스러운 사형 선고를 정당하게 받았다고 생각해보라. 그가 자신의 처벌을 예상하고 끔찍한 처벌에 대해 생각하는 괴로움으로부터 자신을 구하지 않을 어떤 이유든 생각할 수 있는가? 그는 사형을 선고한 판사가 그랬듯이 신의 섭리를 침해한 것이 아니다. 그리고 그의 자발적인 죽음은 유해한 구성원을 제거함으로써 사회에도 이로운 것이다.

28. 자살이 **우리 자신**의 이익이나 의무와 일치할 수 있다는 것, 나이, 병환, 불행이 삶에 짐이 될 수 있고 소멸보다 상황을 더 악화시킬 수 있다는 것은 누구도 인정하면서 이의를 제기할 수는 없다. 나는 삶이 유지할 가치가 있을 때는 누구도 목숨을 버리지 않는다고 생각한다. 죽음에 대한 자연적인 두려움 때문에 작은 동기만

으로 죽음을 감수할 수 없기 때문이다. 그리고 사람의 건강이나 운은 자살이라는 해결책을 필요로 하지 않는 것 같지만, 명백한 이유 없이 자살에 의지한 사람은 모든 즐거움을 해치고 가장 극심한 불행으로 가득 차 있는 비참함 속에서 치유 불가능한 타락성이나 우울한 기질에 시달렸다는 것을 확신할 수 있을 뿐이다.

29. 자살이 범죄로 여겨진다면 비겁함만이 우리에게 자살을 강요할 수 있을 것이다. 자살이 범죄가 아니라면 인간의 분별과 용기는 존재가 짐이 될 때 우리가 그것에서 벗어나도록 해야 한다. 그 방법만이 우리가 본보기를 보임으로써 모두가 삶에서 행복할 기회를 갖고 모든 불행의 위험에서 자유로워져 우리가 사회에 유용해지도록 할 수 있다.[4]

4   이교도 체제에서 그렇듯이 **기독교** 체제에서도 자살이 합법적이라는 점은 증명하기 쉽다. 성서에서 자살을 금지하는 구절은 단 하나도 없다. 모든 철학과 인간의 추론을 지배해야 하는 신앙과 실천의 위대하고 확실한 규칙은, 이 경우에는 우리를 자연적 자유에 맡겨두었다. 사실 성서에서는 신의 섭리에 맡기도록 권한다. 그러나 그것은 피할 수 없는 불행에 굴복하는 것이지, 분별이나 용기로 해결될 수 있는 것에 굴복하라는 의미가 아니다. **살인하지 말라**는 것은 우리가 삶에 권한을 행사할 수 없는 다른 사람들을 살인하는 것을 배제하려는 것이다. 성서의 다른 계율과 마찬가지로 이것도 이성과 상식에 의해 수정되어야 한다는 것은, 법조문에도 불구하고 범죄자를 사형에 처하는 판사들의 관례에서 명백히 보인다. 이 계명이 자살에 대한 반대를 명확하게 나타냈더라도 이제는 권위가 없다. 모세의 율법은 모두 폐지되었고 자연법에 의해 확립된 계명만 남아 있기 때문이다. 자살은 법으로 금지되지 않는다는 점을 우리는 이미 증명하려 했다. 모든 경우에서 **기독교도들**과 **이교도들**은 동일한 기반 위에 서 있다. 카토와 브루투스, 아리아와 포르티아가 영웅적으로 행동했듯이 오늘날 그들의 본보기를 따르는 이들은 후세에서 마찬가지로 찬사를 받아야 한다. 자살을 감행하는 힘에 대해, 플리니우스는 신을 넘어 인간이 가지고 있는 특권이라고 보았다. 신은 자신이 바란다 해도 자살을 할 수 없다. 그는 인간에게 삶의 모든 형벌 가운데 최고로 요긴한 것을 부여했다(Deus non sibi potest mortem consciscere, si velit, quod homini dedit optimum in tantis vitae poenis). 플리니우스, 『자연사』, 제2권, 제7장.

출처 및 감사의 말

읽기 편하도록 본문에는 각주를 넣지 않았으므로 출처
를 간략히 제시하고자 한다. 마크 에트킨드Marc Etkind의
『죽거나』Or Not to be는 오래전부터 자살 유서의 역사에
대해 생각하는 데 매우 유용했다. 마이클 촐비Michael
Cholbi가 『스탠퍼드 철학 백과사전』Stanford Encyclopedia of Phi-
losophy에 쓴 '자살'에 관한 글은 도덕철학의 관점에서
자살 문제에 대한 철학적 논의의 주요 내용을 훌륭하게
요약했다. 두 글에서 많은 것을 취했다. 버지니아 울프
의 책 구절에 대해 알려준 마냐 렘퍼트Manya Lempert에게
감사를 전한다. 내 책 『죽은 철학자들의 서』The Book of
Dead Philosophers의 일부 소재와 라디카티 디 파세라노에
대한 실비아 베르티의 오래된 미출간 원고도 이 책에서
다시 다루었다. 내가 읽은 것과는 별도로, 특히 문학·
법·사회학 분야와 다수의 의사사실factoids과 관련해 이
작업의 배경 조사에 귀중한 도움을 준 세라 슈바이
크Sarah Schweig와 메건 바이어Megan Beyer에게 감사를 전하

고 싶다. 이 중 많은 부분은 책에 포함되지 않았지만 그럼에도 매우 유용했다. 네모니 크레이븐Nemonie Craven의 도움과 조언, 자크 테스터드Jacques Testard의 세심한 편집에도 감사를 전한다.

개정판 서문을 위해서는 케이 레드필드 재미슨의 『자살의 이해』, 앤드루 솔로몬의 『한낮의 우울』, 버지니아 헤퍼넌의 『마법과 상실』Magic and Loss 그리고 조녀선 하이트와 진 트웬지가 진행 중인 준準공개 문헌 리뷰 논문 두 편, 「소셜미디어 사용과 정신 건강: 리뷰」Social Media Use and Mental Health: A Review, 「2010년 이후 미국과 영국 청소년들에게서 기분장애, 자해, 자살이 증가했는가? 리뷰」Is There an Increase in Adolescent Mood Disorders, Self-Harm, and Suicide Since 2010 in the USA and UK? A Review를 참조했다. 수년간 연락을 준 초판 독자들에게도 진심으로 감사를 전하고 싶다. 독자들은 질문을 던지고 생각을 나누었으며 많은 경우에는 개인적인 이야기와 자살과의 싸움에 대해 들려주었다. 그로부터 많은 것을 배웠다. 오류를 고치고 몇몇 문장은 더 명확하게 썼지만 이 개정판은 대체로 달라진 것이 없다.

해제

삶의 무의미성, 죽음의 무의미성
: 어느 페미니스트 우울증 연구자의 자살 노트

하미나(논픽션 작가)

1.

한국 이삼십대 여성의 우울증을 취재하는 작업을 꽤 오래 지속하고 있다. 이들을 만나며 다양한 우울 이야기를 듣고, 거기에 더해 그들의 자살 이야기도 듣는다. 작업 초기에는, 자살에 관한 이야기를 꺼내지 못했다. 무서웠다. 내가 듣게 될 이야기가, 혹은 이 이야기가 인터뷰이에게 미칠 영향이. 이제는 곧잘 꺼내 물어본다. "자살 시도를 해보신 적 있나요?" "그러고 싶었던 이유는 무엇인가요?" "당시 어떤 상황이었나요?" "누군가 곁에 있었나요?"

　인터뷰 중 가장 마음이 아플 때는 자살을 시도했다는 것 자체보다도 당시 인터뷰이가 처해 있던 철저한 고립과 외로움, 절망감을 볼 때이다. 절망감이 얼마나 깊은지 인터뷰이들은 자살이 결국 실패했을 때, 눈을 떠 자신이 살아 있다는 걸 알게 되었을 때 느낀 더한 절망감을 증언하곤 했다.

　우울증이 수수께끼인 만큼이나, 아니 어쩌면 그보다 더, 자살은 수수께끼다. 사람들은 여러 이유로 자살한다. 흔히 자살을 앞둔 사람은 비이성적이고 충동적일 것이라고, 혹은 깊은 우울증을 앓았으리라고 예상하지만 꼭 그렇지만은 않다. 자살은 논리적 추론의 결론일 때도 있고 슬픔을 동반하지 않기도 하다. 우울증에서 회복한 뒤 시도하는 사람도 있고 우울증을 겪기 전부터 죽음을 선택지로 두며 사는 사람도 있다.

　어떤 인터뷰이는 죽음에 관한 공포 때문에 공황 증세를 앓는가 하면, 어떤 인터뷰이는 가장 행복하고 편안할 때도 "개똥밭에 굴러도 이승이 좋다"는 말을 이해하기 어려워한다. 이들은 미심쩍어하며 내게 묻는다. "정말로 사람들은 죽고 싶다는 생각을 하면서 살지 않는단 말이에요?" '자살 성향'이라고 부를 만한 것이 있다면 그것은 어린 시절부터 드러나는 것 같다. 다만 일 찌감치 자살에 관해 침묵하는 법을 학습할 뿐이다.

2.

자살을 대화 소재로 꺼내기는 여러모로 난처하다. 나의 경우, 수치심부터 학습했다. 초등학교 4학년, 자 살을 생각해본 적이 있냐는 친구의 물음에 그렇다고 대 답했다가 경악하는 얼굴을 마주했다. '나는 한 번도 없 는데…, 너는 왜?'라고 묻는 듯한 표정이었다. 순간적으 로 수치심을 느꼈다. 내가 정상적이지 않은 것 같다는 수치심, 다른 사람보다 불행한 상태일지도 모른다는 수 치심. 사실 어느 쪽이건 수치스런 일은 아니었다.

자살 이야기는 주변인들의 과도한 걱정을 불러일 으킨다는 점에서도 난처하다. 자살을 말하면 갑작스레 너무 많은 위로와 관심을 받는다. 이 책 『자살에 대하 여』의 저자 사이먼 크리츨리도 글의 첫 시작부터 서둘 러 말해두지 않나. 책을 쓴 목적은 "자살을 자유로운 행 위로 생각할 수 있는 여지를 열어두면서 그런 생각을 표현하는 어휘를 가능한 한 확장하는 것"이며 "이 책은 자살 유서가 아니"라고. 이 문장을 읽으며 크리츨리가 자살 글을 쓴다고 했을 때 주변 사람들이 지었을 표정을 떠올리며 웃었다.

자살 이야기를 꺼내면 모두가 천연덕스럽게 막아야 하는 일로 생각하는 것이 이상하게 느껴질 때가 있다. 삶이 그 자체로 좋은 것이라고 누구도 실제로 긍정하며 살아가는 것 같지 않은데 막상 죽으려 하면 달려들어 막는다. 그것은 정말 자살 시도자를 위한 일인가? 아니면 자신의 죄책감과 슬픔을 막기 위한 일인가? 정말로 죽음 그 자체만 막으면 된다고 생각하는가? 그런 점에서 자살이 비도덕적으로 여겨지는 이유를 역사적으로 찾아가고 이를 하나씩 논파해가는 2장은 통쾌하다. 삶은 신이 준 선물이라고 할 수 없으며 공동체에 대한 의무로 살아야 하는 것도 아니다.

그래서 자살을 말할 때 겪는 또 다른 난처함은 자살을 막거나 안타까워할 근거가 없다는 데에서 온다. 누군가 자살했을 때 내가 그의 마지막 결론을 안타깝게 생각하는 것은 그의 결정을 존중하지 않는 태도는 아닐까? 자살은 정말 나쁜 결론일까? 이 같은 질문은 도리어 나에게 삶의 의미를 되묻게 한다. 삶을 지속해야 할 이유가 도대체 무엇인가? 이 책은 무엇보다 세 번째 난처함을 해결하는 데에 가장 도움이 된다.

　자살을 하지 말아야 할 타당한 이유를 찾기 어려운 것처럼, 자살을 해야만 하는 타당한 이유 또한 찾기 어렵다. 크리츨리는 우리는 어떠한 형태로든 삶을 공유하며 살아가기에 이 삶을 중단할 권리가 오롯이 나에게만 있다고 말하기 어렵고, 죽은 상태가 더 낫다는 판단 역시 낙관주의적 망상에 근거한 것이라고 말한다. 「서문」에서 그는 이 책의 가장 중요한 결론을 미리 말하며 시작한다. "삶의 의미에 대한 질문은 잘못된 것으로서, 그 질문을 제기하는 일은 그만두어야 할 것 같다. 우리의 정신은 잊어버린 더러운 도덕적 세탁물을 찾아내기 위해 자기회의, 자기혐오, 자기연민의 서랍을 뒤지는 일을 결코 멈추지 않을 것이다. 중요한 것은 극단적인 폭력 행위로 삶을 포기하지 않고, 삶을 부드럽게, 주의 깊게 볼 수 있도록 삶을 정지해 있게 하는 능력이다. 우리는 계속해나가야 한다."

　크리츨리는 "다소 태평한 방식으로 너무 빨리 낙관적인 결론에 도달한 것 같아서 불만족스럽다"고 말했지만, 나는 그래서 더 마음에 든다. 오히려 현실적이다. 자살사고에 휩싸인 사람에게 삶을 끝내겠다는 결정은 합리적으로 보일 수 있다. 그러나 때로 자살사고는 어처구니없이 가벼운 계기로 멈추기도 한다. 어제는 실존주의적 질문에 머리를 싸매며 삶과 죽음 사이를 갈등했더라도 오늘은 친구랑 밥을 먹다가, 드라마를 보다가, 기막히게 재미있는 소설을 읽다가 죽기로 한 것을 까먹는다. 데이비드 흄도 말하지 않았나. "이성은 정념의 노예"일 뿐이라고.

3.

이 책을 읽는 데 반드시 고려해야 할 점이 있다. 바로 사이먼 크리츨리의 위치성이다. 사실 모든 독서에서 위치성을 자각하는 일이 중요하다. 누구나 각자의 자리에서 부분적으로 세상과 만나며 이를 토대로 앎을 구성하기 때문이다. 좋은 독서란 해당 지식의 꼬리표를 확인하는 것에서 시작한다.

크리츨리는 1960년 영국에서 태어나 서구 철학을 교육받았으며, 이를 바탕으로 미국에서 활동하는 백인 남성 철학자다. 그가 자신의 홈페이지에서 지적하듯, 철학, 특히 영미권 철학은 철학적 논의가 그 자체로 진리를 담지하고 있다고 본다. 어떤 철학적 논의가 진리에 도달하는가 그렇지 아니한가는 그 논의가 어떤 형식인가, 무슨 증거가 있는가, 어떻게 입증되는가에 달려있다. 다시 말하면 해당 철학적 논의가 누구의 입에서 나왔는가는 크게 중요하지 않다. 크리츨리는 이 같은 철학의 문제를 지적하며, 자신의 경우 삶과 학문으로서의 철학이 완전히 섞여 있다고 말한다. 그간 펴낸 책들이 이를 증명한다. 그는 학계에서 통용되는 학술논문뿐 아니라 '일반인'을 위한 교양서를 계속해서 쓰고 있고, 축구, 유머, 자살, 데이비드 보위 등 일상적인 소재를 철학적 사유의 시작점으로 가져온다.

저자의 위치성은 자살을 탐구하는 방식, 곧 방법론에서도 드러난다. 자살사고와 싸우고 있던 중년의 백인 남성 철학자는 자살이라는 문제를 탐구하기 위해 영국 고향 인근의 바닷가 호텔방에서 홀로 사유를 전개해나갔다. 반면 자살사고와 싸우고 있던, 한국에서 나고 자란 1990년대생 여성인 나는 자살, 정확히는 우울증을 탐구하기 위해 다양한 직업군의 여자들을 만나고 다니며 그들의 이야기를 듣는 방식을 택했다. 그가 고독 속에서 내면에 침잠하며 자신의 사유에 귀 기울였다면 나는 군중 속에서 들으며 자의식을 잠재우는 쪽을 택했다. 내가 느끼고 생각하는 바를 믿기 어려웠기 때문이다. 나는 나 말고 다른 사람도 비슷한 것을 경험했는지 알 필요가 있었다.

그는 자신이 훈련받았으며 가장 익숙한 방식인 서구 철학의 방법론으로 자살을 탐구했다. 나는 이러한 방법론에는 자신의 사유를 통해 도출된 명제들이 전 우주에 보편화될 수 있다는 야심이 전제되어 있다고 생각한다. 그리고 이것은 세계에서 언제나 인간의 표준이 자신이었던 사람들만이 가질 수 있는 확신이다. 그렇다면 이제 문제는 이것이다. 변방의 국가 한국의 독자는 이 글을 어떻게 읽을 것인가?

크리츨리와 나는 비슷한 것을 발견하기도 했지만 서로 다른 곳에 도착하기도 했다. 크리츨리가 '이런 삶을 살아야 하나'라는 질문에서 질문 자체의 부당함을 지적했다면 나는 왜 누군가에는 유독 '이런 삶'의 정도가 더욱 가혹한지를 묻게 됐다. 한 인터뷰이의 자살 시도 이야기를 기억한다. 그는 이십대 초반의 젊은 여성으로, 가정폭력에 시달려 집을 탈출했으나 경제적으로 어려워 성매매로 생계를 유지하다가 몸이 아파 그만두었다. 그리고 고시원에서 홀로 약을 모아 자살을 시도

했다. 밤새 구토를 하며 방 바깥 화장실과 방 안을 드나드는 동안 아무도 밖으로 나와 괜찮냐고 묻지 않았다고 했다. 그날 밤 그는 살았지만, 나는 누구도 그를 돌보지 않은 그 순간 그의 마음속 한구석이 죽었으리라 생각했다.

삶이 다양한 만큼 죽음도 다양할 것이다. 궁지에 몰리는 방식도 다양하다. 가난과 질병에 시달리다 고시원에서 약을 먹은 여자와, 성폭력을 저지르고 수치심에 죽음으로 도망간 권력자와, 여성들이 자신과 자주지 않음에 분노하여 여러 명을 총기로 살해하고 스스로도 죽인 인셀과, 성전환 수술을 받은 뒤에도 군인으로 받아들여지고 싶다고 울며 고백하던 트랜스젠더 군인과, 디지털 성폭력 피해를 받고 온갖 악성 댓글과 악의적 기사에 시달리다 목숨을 끊은 여성 연예인의 자살은 도저히 같게 받아들여질 수가 없다. 자살이라고 불리지만 사실은 그 사람의 손을 빌린 사회적 타살이 얼마나 많은가. 우리는 이들을 돌보아야 한다.

한국은 명실상부 자살률 1위 국가라는 오명을 유지해왔다. 한국은 30분마다 한 명씩 자살하는 국가이지만 정작 자살에 관한 논의 자체는 텅 비어 있다. 자살이 도처에 만연한데 모두가 없는 듯이 지낸다. 가족은 자살을 수치로 여기며, 우리는 직간접적으로 자살을 경험하지만 이를 어떻게 애도해야 하는지는 알지 못한다. 자살이 중요한 사회문제로 대두되는 한국에서, 그러나 여전히 아무것도 해결하지 못하는 이곳에서 사이먼 크리츨리의 『자살에 대하여』가 자살을 이야기하는 데 도움이 되기를 바란다. 우리에게는 여전히 다양한 죽음들을, 그리고 궁지로 모는 다양한 삶들을 구별해 말할 섬세한 언어가 턱없이 부족하다. 이 책이 물꼬를 터주기를 바란다.

4.

마지막으로 애도의 문제를 덧붙이고 싶다. 자살을 하는 사람이 있다는 것은 그를 자살로 잃어버린 사람도 있음을 의미한다. (애도에 대해서) 이 책의 결론 부분은 가장 유용하고 또한 아름답다. 크리츨리는 자살로 생을 마감한 버지니아 울프의 글로 끝을 맺는다. 그는 말한다. "울프의 삶의 일관성은 작품에 담긴 용기와 그가 삶에 대해 쓴 것에서 비롯된다"고. 우리는 자살로 삶을 끝맺은 사람들을 자주 그 순간을 통해 이해하려 한다. 그러나 그것은 그 사람의 삶을 죽음의 순간을 통해 봄으로써, 삶에서 복잡성을 박탈해버림으로써 그렇게 할 뿐이다.

　이 책을 읽고 해제를 쓰면서 자살로 우리 곁을 떠난 많은 이들을 떠올렸다. 지키지 못했다고 생각한 이들을 떠올렸다. 그간 그들의 상실을 아파하느라 그들의 과거마저 너무 슬프게 기억했던 것은 아닌가 생각했다. 그들이 피해자였던 것만은 아니다. 용감한 전사이기도 했다. 자살을 시행하는 것은 그 사람의 몫이었겠고, 그의 실존적 질문의 답이었을 것이다. 그것에 관해 따지는 것은 나의 영역이 아니다. 그러나 그들을 어떻게 기억하느냐는 이제 남은 사람들에게 달려 있다. 삶이 온전히 나만의 것이 아니라면 그들의 삶도 온전히 그들만의 것이 아니다. 그들이 끝내기로 마음을 먹었어도 내가 기억하고 그들의 영향 아래 살아 있다면 그들도 여전히 내 곁에 있을 것이다.

옮긴이의 말

'극단적 선택' 너머의 것들

언젠가부터 '극단적 선택'이라는 말이 '자살' 대신 사용되고 있다. 우울증, 폭력, 생활고, 과로 등 자살의 원인과 양상은 다양하지만 모두 극단적 선택이라는 표현으로 뭉뚱그려진다. 그런데 자살은 정말 '선택'일 수 있을까? 이성적이고 합리적인 인간이 여러 가능성을 검토하고 그중 하나를 선택해, 자유의지에 따라 결행한 것이라고 말할 수 있을까? 그렇다면 하필 그가 '극단'을 선택했다는 결과만이 비극이라고 할 수 있을까?

윤리학과 정치이론을 연구해온 철학자 사이먼 크리츨리는 『죽은 철학자들의 서』에서 철학자들의 죽음을 통해 죽음에 대한 태도를 탐색한 바 있다. 『자살에 대하여』는 자살에 대한 인식이 역사적으로 변화해온 과정을 검토하고 자살을 둘러싼 현대의 윤리적 쟁점들을 면밀히 살펴봄으로써 자살의 이해를 돕는다. 이 책에 따르면, 중세까지만 해도 자살은 신의 섭리에 대한 불복종으로 간주되어 이미 죽은 자의 시신마저 끔찍한 처벌을 받았다. 그러다 14세기 르네상스의 도래와 함께 중세의 종교적 관점에서 탈피한 새로운 시각들이 제시되기 시작했고, 18세기 계몽주의 시대에 이르러서는 자살은 더 이상 금기가 아닌 인간의 권리로 주장되기까지 했다. 신학적 세계관을 벗어던진 인간이 죽음을 자기의 책임으로, 나아가 권리로까지 인식하게 된 것이다. 사실 어떤 경우에 자살은 인간성과 존엄성을 지키는 마지막 수단이기도 하다. 인간은 숭고한 대의를 위해 목숨을 바치기도 하고, 자신의 끔찍한 고통을 끝내기 위해 목숨을 끊기도 한다. 이유 없이 고심하지 않은 채 죽음을 택하는 경우는 없다. 자발적 죽음은 진지한 숙고 끝에 이루어진 것으로 보인다. 이런 죽음을 '극단적 선택'으로 말하는 것은 그 당사자의 존엄에 대한 마지막 배려처럼 보이기도 한다.

이성과 합리성, 자유의지로 자신의 죽음까지도 능히 관할할 수 있다고 믿었던 계몽주의 시대의 인간관은 이상理想이라고 할 만하다. 하지만 인간은 결코 순수한 이성적 존재가 아니며 그 의지는 꽤 자주 자발적이지 않다. 우리는 각기 숙고하지만 같은 결론을 내지 않으며, 의지는 같은 방향을 가리키지 않는다. 이 다름을 우리는 개인의 '선택'으로 부르며 존중하는 듯 보인다. 그리고 존중하므로, 더는 심각하게 문제 삼지 않아도 된다.

명철한 이성과 불굴의 의지로 죽음을 껴안는 사람들이 있다. 그 분명한 선택에는 위엄까지 서린다. 하지만 현실에는 선택이라 불리되, 실상 선택하지 않은 죽음이 훨씬 더 많다. 세상이 등을 돌리고 수많은 절망이 쌓이는 가운데, 의지가 꺾이고 존엄이 짓밟히는 경험이 쌓이는 가운데 죽음을 합리적으로 선택할 수 있을까. 자기회의와 자기혐오에 시달려온 그에게 그 무엇이든 선택할 기회가 있었을까. 죽음으로 내몰린 건 아닐까.

'극단적 선택'이라 불리는 사건들은 우리를 당혹스럽게 한다. 누군가 극단까지 떠밀려갔다가 우리의 세계를 차라리 포기했다는 사실 앞에서는 어떤 생각도 하기 어렵다. 슬프고 안타깝지만 그의 선택이므로 우리는 어찌할 수 없다. 그리고 아무 일도 없이 세계는 다시 무사하다. 그런데 누군가 저 극단을 홀로 선택했던 게 아니라 우리의 세계가 이미 너무 많은 극단들로 채워져

있던 건 아닐까. 우리는 누구나 언제든 극단으로 내몰
릴 수 있지만 그 순간이 닥치기 전까지는 알지 못한다.
어쩌면 우리는 세계의 실상이 드러날까 봐, 우리의 무
사함이 의문에 부쳐지는 순간이 올까 봐 그렇게 당혹스
러워했을지도 모른다. 자살의 문제는 삶과 죽음이라는
실존적 차원에만 머무르지 않는다. 저자는 선택으로서
의 자살이 가능하다고 보지만 자살을 옹호하는 것은 아
니다. 오히려 자살로 구원할 수 있는 것은 아무것도 없
다고 강조한다. 그럼에도 누군가의 자살은 극단으로 채
워진 이 세계를 폭로하며 우리가 외면해온 진실을 마주
하고 사유하게 한다. 이 책이 '극단적 선택'이라는 얄팍
한 말로 덮어버리는 자살이라는 문제에 대해 다시 생각
할 수 있는 계기가 될 수 있기를 바란다.